Arin Murphy-Hiscock

BRUXA NATURAL

GUIA COMPLETO

Copyright © 2017 by Arin Murphy-Hiscock
Todos os direitos reservados.

Publicado mediante acordo com Adams Media, selo da
Simon & Schuster, Inc., 1230 Avenue of the Americas,
New York, NY 10020, USA.

Design original de capa: Stephanie Hannus
Imagens de capa © Getty Images/Nata_Slavetskaya,
Kenny371

Imagens do Miolo © Getty Images, © 123RF,
© Shutterstock, Karl Blossfeldt, Odilon Redon,
Gustave Moreau, Mark Catesby, Mary
Vaux Walcott e William Morris

Tradução para a língua portuguesa
© Stephanie Borges, 2021

Diretor Editorial
Christiano Menezes

Diretor Comercial
Chico de Assis

Diretor de Novos Negócios
Marcel Souto Maior

Diretora de Estratégia Editorial
Raquel Moritz

Gerente Comercial
Fernando Madeira

Gerente de Marca
Arthur Moraes

Gerente Editorial
Marcia Heloisa

Editora
Nilsen Silva

Capa e Projeto Gráfico
Retina 78

Coordenador de Diagramação
Sergio Chaves

Designer Assistente
Aline Martins

Revisão
Fernanda Belo
Isadora Torres
Retina Conteúdo

Finalização
Sandro Tagliamento

Marketing Estratégico
Ag. Mandíbula

Impressão e Acabamento
Ipsis Gráfica

DADOS INTERNACIONAIS DE CATALOGAÇÃO NA PUBLICAÇÃO (CIP)
Angélica Ilacqua CRB-8/7057

Murphy-Hiscock, Arin
   Bruxa natural : guia completo de ervas, flores, óleos essenciais
e outras magias / Arin Murphy-Hiscock ; tradução de Stephanie
Borges. — Rio de Janeiro : DarkSide Books, 2021.
   256 p.

   ISBN: 978-65-5598-092-9
   Título original: Green Witch

   1. Feitiçaria 2. Natureza - Magia 3. Esoterismo
I. Título II. Borges, Stephanie

21-0834   CDD 133.43

Índices para catálogo sistemático:
1. Feitiçaria - Natureza 133.43

[2021, 2024]
Todos os direitos desta edição reservados à
DarkSide® Entretenimento LTDA.
Rua General Roca, 935/504 – Tijuca
20521-071 – Rio de Janeiro – RJ – Brasil
www.darksidebooks.com

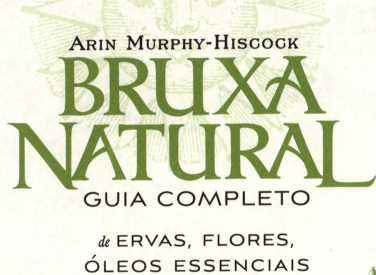

Arin Murphy-Hiscock

BRUXA NATURAL

GUIA COMPLETO

de ERVAS, FLORES,
ÓLEOS ESSENCIAIS
& OUTRAS MAGIAS

TRADUÇÃO
STEPHANIE BORGES

DARKSIDE

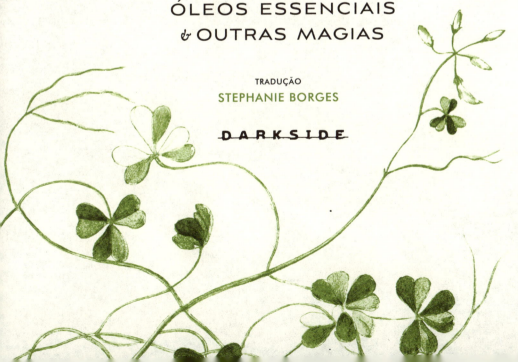

*Para Saya e Sydney, que talvez
façam parte da próxima
geração de bruxas naturais.*

Arin Murphy-Hiscock

BRUXA NATURAL
GUIA COMPLETO

SUMÁRIO

17. INTRODUÇÃO

1 DESCOBRINDO A BRUXARIA NATURAL

Capítulo 1.
23. **O QUE É A BRUXARIA NATURAL?**
24. O caminho da bruxa natural
28. Uma breve história da bruxaria natural
31. Aprendendo a se identificar com a terra
33. A magia de ser uma bruxa natural

Capítulo 2.
39. **ACEITANDO O SEU PODER**
40. Foco nos seus centros de energia
44. Instrumentos úteis
50. Transforme seu lar em um espaço sagrado
62. Crie um espaço sagrado num ambiente externo
64. Sintonize-se com a terra

Capítulo 3.
67. **HARMONIZE-SE COM A NATUREZA**
68. Conheça seu lugar no Universo
70. Experimente a energia do ambiente ao seu redor
72. Ponha os pés no chão
73. Trabalhe com os quatro elementos da natureza
78. Descubra e desenvolva os seus sentidos

Capítulo 4.
85. **MANIFESTE O PODER DAS ESTAÇÕES**
86. Os ciclos sazonais e a energia
89. Celebrando solstícios e equinócios
90. Meditações para cada estação
96. Realizando rituais sazonais

2 TRILHANDO O CAMINHO NATURAL

Capítulo 5.
107. **VIVENDO MAIS PERTO DA TERRA**
108. O sol, a lua e as estrelas
114. Trabalhando com a energia das plantas
116. A magia das árvores
122. Entrando em contato com a energia das flores
128. Plantas e ervas potentes
134. Usando as pedras: os ossos da terra

Capítulo 6.
143. **CULTIVANDO UM JARDIM DA BRUXA NATURAL**
144. O poder em um jardim
146. Planejando seu jardim
149. Dicas na hora de plantar
150. Cuidando naturalmente do seu jardim
154. Encha sua casa de plantas domésticas

Capítulo 7.
157. CRIAÇÃO E ARTE NA MAGIA DA BRUXA NATURAL
- 158. Prepare ervas
- 160. Extraia a energia das ervas
- 162. Abençoe suas criações
- 164. Faça incensos de ervas
- 174. Crie amuletos
- 176. Crie um travesseiro dos sonhos
- 178. Amuletos de jardim
- 180. Faça uma vassoura
- 183. Faça bálsamos e perfumes
- 186. Construa uma pedra de apoio para o seu jardim

Capítulo 8.
193. TORNE-SE UMA CURANDEIRA NATURAL
- 194. Os passos da cura
- 195. Fazendo chás curativos
- 200. Óleos essenciais para potencializar a energia
- 206. Banhos restauradores e sais de banho
- 212. Faça elixires restauradores

Capítulo 9.
215. RECEITAS CULINÁRIAS DA BRUXA NATURAL
- 216. Entre em contato com a energia das frutas
- 220. Integre o poder das flores
- 226. Produza vinagres para o vigor
- 227. Adoce com açúcares aromatizados
- 231. Fortaleça sua saúde com vegetais
- 238. Incorpore a bondade dos grãos

245. **Apêndice.** As associações mágicas das substâncias naturais

251. **Bibliografia**

Introdução

Sejam quais forem os motivos que a levaram a buscar o equilíbrio, você descobrirá que se harmonizar com a energia da natureza pode te ajudar a se libertar das causas de estresse em sua vida e a focar no aqui e no agora. E não há jeito melhor de explorar os benefícios da natureza do que seguir o caminho da bruxa natural.[1]

O caminho da bruxa natural é uma jornada naturalista, herbalista e de cura. É uma prática de forma livre, flexível e personalizada para todos aqueles que desejam explorar os presentes da natureza e usá-los para encontrar equilíbrio e harmonia na vida. Com *Bruxa Natural* você encontrará as informações de que precisa para desenvolver e nutrir a prática espiritual da bruxaria natural — de conselhos sobre o caminho natural no mundo moderno a informações essenciais sobre ervas, plantas, árvores, cristais e outros. Você encontrará receitas, exercícios, sugestões de rituais e orientações para fazer poções e misturas de ervas com propósitos mundanos e mágicos.

---

[1] Embora me refira à leitora e à bruxa natural como "ela" ao longo deste livro, o caminho não exclui praticantes de outros gêneros. O pronome "ela" foi escolhido por uma questão de padronização textual.

Desde questões da história da prática até como criar suas tradições individuais, *Bruxa Natural* é um guia prático e positivo para a bruxa natural moderna que tenta se conectar com a natureza na sociedade atual. O que é relevante e único na bruxaria natural é ser uma prática solo e bem especializada. Nem todo mundo será atraído pelas mesmas coisas e praticará da mesma maneira. Tem a ver com encontrar um equilíbrio viável na *sua* vida e na *sua* prática.

A bruxa natural trabalha ao lado da natureza e de seus dons. Ela usa elementos naturais para melhorar o bem-estar físico do corpo, do espírito e do ambiente, trabalha para estabelecer uma conexão pessoal com o mundo natural. Pode parecer um desafio se harmonizar com a natureza no mundo tecnológico e industrial de hoje. Felizmente, você não precisa abandonar ou ir na contramão das influências modernas. O que você precisa é descobrir como conectar sua vida moderna com os conhecimentos antigos, que anseiam por serem redescobertos. O truque é reconhecer a presença da energia da natureza no mundo contemporâneo e ver como ela funciona.

Ouça o mundo ao seu redor. Abra o seu coração. Reequilibre-se. E aproveite a sua jornada.

naturalis pythonissam

DESCOBRINDO
A BRUXARIA
NATURAL

Parte um

O que é
a bruxaria natural?

Capítulo 1

Historicamente, uma bruxa natural vivia isolada, usando a energia das plantas e árvores ao seu redor para curar os outros. Aqueles que precisavam de seus serviços viajavam para vê-la.

Nos dias de hoje, é mais provável que uma bruxa natural viva no meio da cidade ou nos subúrbios. Ela pode trabalhar em diversas áreas, como administração, medicina ou educação, ou ser mãe ou dona de casa em tempo integral.

A bruxa natural não é definida por onde mora ou pelo que faz para pagar suas contas. Nem é limitada a trabalhar apenas com plantas, ervas e árvores. Ela não é, como muitos acreditam, definida apenas pela forma específica como expressa sua espiritualidade ou pela religião que segue. Uma bruxa natural se define por sua relação com o mundo ao seu redor, por sua ética e por sua afinidade com a natureza. Na essência, ela vive a vida de uma bruxa natural, seguindo o caminho natural.

O caminho da bruxa natural é uma trajetória pessoal que integra habilidade, afinidades e aversões, o clima de uma determinada localização geográfica e a interação com a energia desse ambiente. Não é uma tradição, é mais uma adaptação própria de um ideal.

O caminho da bruxa natural

Na percepção popular, a prática da bruxaria natural é uma expressão da espiritualidade baseada na natureza e que se concentra na interação com seu meio ambiente. A bruxaria em si é uma prática que envolve o uso de energias da natureza para ajudar a realizar uma tarefa ou alcançar um objetivo. Em geral, a bruxaria reconhece um deus e uma deusa (às vezes, apenas uma deusa) e entende que a magia é um fenômeno natural.

A bruxaria é muito confundida com a Wicca, uma religião moderna, alternativa, com base na natureza. Embora a Wicca e a bruxaria tenham muitas semelhanças, incluindo a reverência pela natureza, a Wicca é uma religião formal, específica. Há uma ampla variedade de formas de bruxaria, com diversos graus de estrutura. Para as finalidades deste livro, o termo "bruxaria" se refere à prática de trabalhar com energias da natureza para atingir objetivos, sem um contexto religioso.

Uma bruxa natural, então, é alguém que vive o caminho natural e está consciente de como a energia da natureza flui por meio de sua vida e do ambiente, mesmo se o ambiente não for um jardim tradicional ou aquela paisagem florestal popularizada pelos contos de fada e ideais românticos.

Por que usamos a expressão "viver o caminho natural" em vez de somente dizer "praticar bruxaria natural"? É muito simples. A bruxaria natural não é uma prática separada da vida comum, como a magia ritual, por exemplo; é uma imersão total e abrangente em que a vida inteira é uma experiência mágica.

A bruxaria natural não é uma tradição formal no sentido da Wicca Gardneriana, do Dianismo, da Tradição Feri ou de outras formas estabelecidas. Quando usamos a expressão "a tradição da bruxaria natural" não nos referimos a uma linhagem inquebrável de iniciadas, ou de um corpo estabelecido de conhecimentos. Em vez disso, aludimos a várias práticas conjuntas com as quais a bruxa natural moderna e a mulher sábia podem contar.

Como o caminho da bruxa natural é uma prática solitária e individual, qualquer livro contemporâneo sobre bruxaria natural é apenas uma interpretação de como o autor entende a prática. A iniciação no caminho natural é tecnicamente impossível. Não existe um conjunto de conhecimentos formais transmitido por meio de um treinamento cuidadoso, ou mesmo um grupo com o qual você se conecte para cerimônias sagradas realizadas pelos mais sábios. Alguns grupos modernos ecléticos podem basear suas práticas regulares em ideais de bruxaria natural, mas não é a mesma coisa.

Uma praticante da bruxaria natural pode transmitir seu conhecimento pessoal para outra pessoa, incluindo suas anotações e seus escritos, mas isso não é um processo iniciático. Ler as ideias específicas de um autor e suas visões relativas ao caminho natural é uma forma de aprendizado em que você percebe um novo modo de ver o mundo e descobre novos exercícios e técnicas que te ajudarão a refinar e aprofundar sua conexão com o mundo natural ao seu redor. Esse processo não pode ser tão intensamente pessoal como no ensino tradicional, no qual o aprendiz trabalha ao lado de um mestre, mas é uma forma moderna de adquirir conhecimentos e habilidades de um praticante em particular.

Observando a bruxa natural

Os conceitos de cura, harmonia e equilíbrio são a chave da prática da bruxa natural e de sua perspectiva em relação à vida. Esses conceitos abarcam três focos distintos:

1. A terra (seu meio ambiente local, assim como o planeta)
2. A humanidade (geralmente sua comunidade local e seus círculos de amizade e conhecidos)
3. Você

A terra costuma ser destacada como o foco principal da bruxa natural, o que é um pouco injusto. A bruxa natural entende que a terra incorpora o planeta e todas as coisas vivas nele, incluindo animais, plantas e pessoas. Nessa perspectiva, sim: a terra é um termo coletivo para todas as coisas vivas. Entretanto, a bruxa natural também sabe que agrupar todos eles juntos significa que nós, às vezes, esquecemos de dar a ênfase individual que cada um deles merece. Podemos criticar o descaso geral com a água em nosso planeta, mas a ação local tem um efeito mais imediato em nosso ambiente do que um protesto na frente de um prédio de escritórios. "Cuide do seu próprio jardim" é uma frase que a bruxa natural entende muito bem.

As pessoas também fazem parte dos domínios da bruxaria natural. A bruxa natural moderna entende que a humanidade impacta o mundo natural, não apenas pelo modo como os indivíduos a tratam, mas também com a energia criada por seus sentimentos e suas crenças. Assim como a energia nos afeta, a nossa energia também afeta a natureza, e esse efeito nem sempre é positivo. Portanto, a bruxa natural busca manter o equilíbrio entre a humanidade e a natureza. Ela também entende que as pessoas se afetam com suas energias; assim, se esforça para manter um ambiente energeticamente harmonioso, no qual as pessoas se sintam calmas e interajam entre si com tranquilidade e amor.

Por fim, a bruxa natural deve operar em harmonia com as realidades de sua própria vida. Isso significa trabalhar pelos seus objetivos e obstáculos e se conhecer, para poder aplicar suas energias e habilidades a fim de atingir o melhor de sua capacidade. Seu verdadeiro eu não é o eu que você poderia ser, mas o eu que você é. Descobrir esse verdadeiro eu pode ser um objetivo muito difícil. Mentimos para nós mesmos regularmente, às vezes com tanta frequência que continuamos alheios a determinados aspectos de nossas personalidades até o fim de nossas vidas. Entretanto, trabalhar com esse nosso lado que está imerso nas sombras pode ser gratificante, e manter a harmonia entre os nossos aspectos mais sombrios e os mais positivos equilibra nossa energia pessoal.

A ética do caminho da bruxa natural

Em qualquer caminho relacionado à expressão da espiritualidade, o conceito de ética é importante. É bem interessante que não existam ética ou regras morais associadas ao caminho natural além daquelas que a praticante já tenha.

Por que não existem regras éticas determinadas na bruxaria natural? Primeiro de tudo, a prática é tão pessoal que criar um sistema ético abrangente seria excludente com alguns praticantes ou os forçaria a mudar quem são. A bruxaria natural não tem a ver com forçar um indivíduo a mudar; tem a ver com a escolha pessoal de harmonizar a própria vida com a energia da natureza. Além disso, a bruxa natural está tão sintonizada com seu entorno que um conjunto de restrições éticas é desnecessário. Compreender-se como parte de um todo faz com que agir contra ele seja contraproducente, e isso inclui agir contra um integrante da energia estendida do planeta, tais como outras pessoas, animais, plantas e por aí vai. É difícil agir de forma antiética quando você entende como tudo e todos são afetados pela negatividade de tal ação.

Se você ama e respeita o mundo ao seu redor, não o explorará. Quanto mais empatia e simpatia nutrir pelo espaço que te cerca, melhor será o tratamento a ele dispensado. Isto diz respeito à regra de ouro encontrada em várias religiões. É uma reciprocidade ética: se você trata aqueles ao seu redor com cortesia, com cortesia será tratado. O que você puser no mundo, receberá de volta, e isso serve para pensamentos, atos e energia.

Com a consciência bem sintonizada que a bruxa natural passa a ter, vem um conhecimento de quem e o que serão afetados por suas ações e escolhas. Com esse entendimento, e o senso de responsabilidade e proteção em relação à vida que ela já possui, um foco maior na ética é desnecessário. A natureza é sua mãe, seu pai e sua melhor amiga. Não faz sentido fazer mal à sua família ou aos seus amigos intencionalmente. Pense no amor e respeito que você tem pela terra. Estenda esse olhar a todas as criaturas que integram o mundo natural. Humanos, animais, plantas, árvores — todos eles são parte da natureza. Espontaneamente, você os trata com o mesmo respeito com que trata a própria terra.

Uma breve história da bruxaria natural

As práticas da bruxa natural moderna surgem das benzedeiras e praticantes da magia popular. A bruxa natural moderna encontra seus tataravôs e tataravós nos herbanários, nas parteiras, nas rezadeiras, nas mulheres sábias e nos curandeiros que prestavam serviços específicos para suas comunidades.

Os trabalhos desses ancestrais espirituais da bruxa natural incluíam a realização de partos e a preparação dos mortos para o funeral, assim como o uso de várias plantas para curar a mente e o corpo. Essas pessoas detinham o conhecimento sobre a vida e a morte. Sabiam quais tipos de vegetais poderiam criar os dois estados da existência. Esses bruxos naturais dos primórdios, por muito tempo respeitados, com frequência eram temidos ou viravam alvo de desconfiança devido ao conhecimento que possuíam. Geralmente eram marginalizados por suas comunidades e viviam sozinhos ou afastados dos centros sociais das comunidades. Ainda hoje, é comum que a sociedade demonstre desconforto com aqueles que possuem conhecimentos fora do alcance do cidadão comum.

Também é provável que os ancestrais espirituais da bruxa natural moderna escolhessem a vida fora do seio da comunidade por ser mais difícil ouvir o que a natureza tem a dizer quando se está cercado de pessoas. Estar mais perto das florestas e dos campos permitiu que os curandeiros comungassem com a energia viva das matas e obtivessem o que necessitavam.

Praticantes da magia popular, aqueles que vivem no galho mais próximo da árvore genealógica da família da bruxa natural, não estão necessariamente separados dos ancestrais. Às vezes benzedeiras também lançam feitiços, que são realizados pela magia popular de uma região, mas em geral elas são apenas vovós com um talento para "consertar" as coisas. A magia popular é composta de tradições e práticas que foram transmitidas em regiões geográficas ou culturas específicas. Ela costuma focar na adivinhação a respeito de amor e casamentos, sucesso na agricultura e previsão do tempo.

Owen Davies, autor do fascinante *Cunning-folk: Popular Magic in English History* [Curandeiros: Magia popular na história inglesa], explica que muito além de serem agentes de cura, os curandeiros originalmente realizavam quebras de feitiços de pessoas que se acreditavam vítimas de algum tipo de maldição ou quebranto. A bruxaria era o solo sobre o qual o trabalho dos curandeiros crescia; quando a crença popular na bruxaria acabou, o papel dos curandeiros também desapareceu.

Caminhos semelhantes

Existem outros caminhos modernos que se assemelham ao da bruxa natural. As bruxas da cozinha e as bruxas solitárias utilizam práticas parecidas e, de fato, às vezes as pessoas usam esses termos como se fossem intercambiáveis com a bruxaria natural. Os três caminhos têm aspectos básicos em comum: são baseados na magia popular, não exigem um elemento espiritual e suas praticantes tendem a percorrer suas trajetórias de modo solitário.

Antes de nos lançarmos em uma análise completa do que constitui o caminho da bruxa natural moderna, daremos uma olhada na bruxaria da cozinha e na magia solitária para vermos as semelhanças e diferenças entre elas:

- **Bruxas de cozinha** são voltadas à família e focam na magia realizada no coração de um lar contemporâneo: a cozinha. A bruxa da cozinha baseia sua prática nas atividades domésticas diárias; cozinhar, limpar e assar acabam sendo o fundamento de seus atos mágicos. Varrer o pó e a terra do chão podem inspirar a limpeza de energia negativa, por exemplo. Uma bruxa da cozinha trabalha com sua intuição em vez de ritualmente e pode, ou não, manter um registro de suas atividades.

- **Bruxas solitárias** vivem próximas à natureza, por vezes longe das áreas urbanas. Basta pensar na clássica velha sábia nas fronteiras da cidade, que era visitada em busca de amuletos de amor e poções de cura, para se ter uma ideia mais aproximada do que seria uma bruxa solitária moderna. Geralmente é uma praticante isolada de um caminho neopagão que tem a realização de feitiços como base para o seu trabalho.

Em geral, praticantes modernas tentam ligar suas práticas a algum tipo de história com o intuito de criar uma sensação de tradição, mas ela não é tão importante quanto a sensação de identidade. Isto é especialmente verdadeiro no caminho da bruxa natural.

É fácil olhar para trás e reconhecer as influências do passado na prática moderna, mas cada bruxa natural cria sua própria prática. Não existe iniciação ou aceitação de um conjunto de regras. Viver o caminho natural é um reflexo da luz interior da bruxa natural.

A bruxa natural moderna

Apesar do assim chamado progresso, nossa sociedade moderna tende a olhar para o passado como algo mais simples, embora a época dos pioneiros tenha sido provavelmente mais difícil e mais isolada do que a vida de hoje. Esse anseio não é nostalgia, um desejo por uma lembrança deixada para trás. É uma atração genuína do subconsciente pelo conhecimento que foi obscurecido pela inovação, pelo progresso e pelo desenvolvimento. Nós não precisamos nos afastar ou reverter as inovações modernas ou desistir das nossas calçadas, aparelhos de televisão e computadores. O que precisamos fazer é descobrir como, mesmo em nossos ambientes modernos, nos conectamos aos conhecimentos primordiais que desejam ser reencontrados. Remover a tecnologia e substituí-la pela bruxaria e pela prática baseada na agricultura não é a resposta. Reverter a evolução e apenas substituir pelo antigo é uma negação ao mundo moderno. Uma bruxa natural não nega o mundo ao seu redor. A bruxa natural serve ao mundo em que vive. Ela aceita e busca compreender como integrá-lo em sua prática espiritual. A bruxa natural serve de ponte entre o passado e o presente, o velho e o novo. O truque é reconhecer a presença da energia verde que existe no mundo de hoje e aprender como reconhecê-la enquanto ela funciona.

Aprendendo a se identificar com a terra

A identificação mais importante da prática verde é com a terra. Embora honrar a terra e ter consciência do mundo natural sejam aspectos importantes da maioria das espiritualidades alternativas, a bruxa natural não precisa ser uma integrante de um caminho espiritual alternativo. A maior diferença entre o caminho verde e as religiões neopagãs é que as deidades não são parte essencial da prática da bruxa natural. Embora a bruxa natural conheça a mitologia e as religiões antigas com o objetivo de aprofundar sua compreensão de como a energia da terra tem sido percebida ao longo das eras, ela não necessariamente adora os deuses e as deusas que são expressões e representações dos padrões e das energias da terra. O planeta em si é um arquétipo da nutrição, mas um refinamento maior desse arquétipo não é necessário para a bruxaria natural. Dito isso, a bruxa natural costuma encontrar uma figura mitológica — seja uma divindade ou um herói — que tem afinidades com suas crenças pessoais e energias. Ela encontra inspiração nessa figura mitológica, no entanto, isso não a leva a idolatrar essa figura.

Religiões alternativas promovem a ideia de que a humanidade é serva ou guardiã do planeta, mas a bruxa natural compreende que ela mesma é uma manifestação da própria terra, não só uma cuidadora. Esse senso íntimo de identificação permite que ela trabalhe em parceria com as energias da terra.

Uma pessoa que honra a terra e considera o mundo natural seu primeiro professor às vezes é rotulada como uma adoradora da natureza, ou chamada de pagã. Entretanto, no uso moderno, esses termos em geral não são pejorativos. Eles descrevem as pessoas que honram a divindade na natureza. Na prática espiritual da Nova Era, a palavra "pagão" está sendo retomada por aqueles espíritos que ressoam com as batidas do coração da terra. Então a bruxa natural é pagã? Muitas são, mas não todas. O caminho da bruxa natural, por definição, não é religioso. É um caminho espiritual, sim, mas a espiritualidade não precisa ser equivalente à religião. A bruxa natural pode participar de qualquer religião e honrar o divino de acordo com os preceitos professados e ainda assim honrar a natureza como sagrada e bendita. A bruxa natural vê o divino em toda a natureza, e cada bruxa natural interpreta essa divindade de um modo diferente.

Celebrando a vida

A bruxaria natural é uma celebração constante da vida. É um diálogo com a natureza, uma prática que enriquece a bruxa natural e a própria terra. A troca de energia produz diversos benefícios que podem ser definidos em termos simples: por meio desse diálogo, nós curamos a terra e a terra nos cura. Buscamos harmonia por intermédio de nossas ações. Procuramos equilibrar energias que estão desalinhadas.

Como outros caminhos que honram a terra, as raízes da bruxaria natural podem ser encontradas no calendário da agricultura, nas mudanças das estações, nos padrões do clima e na magia popular para a saúde e fertilidade. Muito da prática neopagã moderna vem de práticas da bruxaria natural básica. Observe que a palavra "raízes" é pontual aqui: quando algo está enraizado, desabrocha de uma fonte, mas ainda é forte e ancorado. Negar as raízes é negar a fundação e a força. Nós podemos ver apenas o tronco e os galhos de uma árvore, mas o sistema de raízes se estende em profundidade e amplitude.

Como a bruxaria natural não é um caminho formal, praticantes são livres para adaptar o que aprendem às suas necessidades. Isso não significa modificar as práticas criadas por outra pessoa; significa se adaptar ao que precisa ser feito. Significa ser flexível e receptivo às suas necessidades e às necessidades da terra.

É importante lembrar que a bruxaria natural não é Wicca. A Wicca é uma religião formal e estruturada, que determina princípios e diretrizes morais, e aqueles que a seguem celebram determinados rituais de formas específicas. A bruxaria natural é uma prática flexível, não estruturada, que não tem datas de celebração nem rituais obrigatórios. A bruxaria natural é adaptável. Ela cria o seu próprio caminho de acordo com suas forças e talentos individuais, as energias e os recursos nativos de sua localização geográfica.

Por exemplo, se você vive em Massachusetts e então se muda para o Novo México, sua prática se altera conforme você se adapta ao novo ambiente, à nova fauna e flora ao seu redor, e às novas energias da paisagem. Você também se transforma. Conforme você estabelece uma nova relação com a terra e com a manifestação dela no Novo México, você se descobrirá refletindo essa relação de modos diferentes de como fazia no ambiente anterior.

A magia de ser uma bruxa natural

Usar a palavra "bruxa" nos leva a usar a palavra "magia". Esse é um termo que pode causar confusão. A magia não é uma ilusão, nem uma manipulação artificial de forças inaturais. Na verdade, a magia é perfeitamente natural: é o uso da energia da natureza de modo intencional e consciente para ajudar a atingir uma melhor compreensão do mundo e se harmonizar com as energias dele.

A maioria das bruxas naturais acha o uso da palavra "magia" irrelevante. Magia nos faz pensar em algo extraordinário. No entanto, para uma bruxa natural, o mundano é mágico. Quando ela sente, responde e toca nos fluxos de energia da natureza ao seu redor, nada pode ser mais natural. Ela realiza magia natural. A natureza em si é mágica. O dia a dia é sagrado para a bruxa natural.

Marian Green, autora de *Wild Witchcraft* [Bruxaria selvagem] e seguidora de um caminho com afinidades com a filosofia da bruxaria natural, que abraça a magia natural e a prática solitária, diz que "Magia é a arte de aprender a reconhecer esses elementos da mudança: os padrões naturais de fluxo e refluxo, os tempos de progresso, de se manter inerte e se retrair... A magia nos ensina a determinar quais as formas como as ondas da natureza estão fluindo; a ver em qual nível elas se movem e o que elas podem oferecer a cada um de nós nesse momento". Na visão de Green, a magia é aprender a se harmonizar com as forças da natureza e entender como elas fluem através de sua vida. É claro, isso é o resumo do trabalho da vida de uma bruxa natural.

Feitiços são vistos como algo natural que ocorre ao longo do caminho. Fazer um chá de alecrim para dor de cabeça é um feitiço? Ou é um remédio natural? Para a bruxa natural isso não importa. O que importa é a consciência do uso das energias do alecrim para ajudar a curar um desequilíbrio momentâneo. É essa a conexão com o mundo natural e o reconhecimento de que somos todas uma parte do mundo, o que nos permite funcionar como um elo entre o mundo das pessoas e o mundo da natureza.

Em suma, ao se abrir para a energia da natureza, e ao aceitar que você é parte dessa grande sinfonia de energia e poder, você se permite comungar com essa energia para reequilibrar a sua vida. Então você pode trabalhar para reequilibrar as energias de outras situações.

Em outras práticas de bruxaria, existem métodos nos quais a energia é elevada, focada e direcionada para um objetivo, para então ser liberada. As bruxas naturais usam a energia de forma mais lenta e sutil. Tentando fazer parte do fluxo e refluxo da energia ao seu redor, elas não coletam energia deliberadamente para moldar e liberar. A bruxa natural trabalha de dentro para fora e acompanha o movimento natural das energias, em vez de tentar manipulá-las.

Usar a palavra "magia" pode te levar a ver seu trabalho como bruxa natural como algo à parte. Neste livro, não há regras para criar um círculo mágico em que você deve trabalhar, nenhuma invocação compulsória de divindades, nenhuma sequência formal de ritual que precise ser executada precisamente como está escrito. A prática da bruxa natural é fluida, pessoal, presente em todos os momentos do dia. É importante reconhecer todo momento como "mágico" e cheio de potencial. Tudo é mágico, no sentido de ser surpreendente e único — cada fôlego, cada passo, cada mexida em sua sopa. Todo ato é um ato mágico. A magia é a própria vida.

Esse conhecimento deve ser equilibrado com a compreensão de que, como uma bruxa natural, você carrega a responsabilidade sagrada de cuidar da harmonia de seu ambiente, mas também de lembrar que "todo gesto positivo tem o potencial de se tornar um feitiço", como afirma a autora Poppy Palin em *Craft of the Wild Witch* [A arte da bruxa selvagem]. Entretanto, na prática da bruxaria natural existe o risco de que a familiaridade se torne desprezo. Ao reconhecer cada momento como mágico e cheio de potencial, a bruxa natural pode acabar se tornando insensível a ponto de não perceber mais os momentos especiais. Evite cometer esse deslize. Permita-se o maravilhamento frequente com a alegria e o poder da natureza conforme as estações se sucedem ao longo do ano, com os aspectos belos e assustadores das tempestades e do pôr-do-sol. Cada momento é mágico porque carrega o potencial, mas também porque é apenas um instante. O mundano é sagrado para a bruxa natural porque é mundano. A palavra "mundano" em si é derivada do latim *mundus*, que se refere ao "mundo material", é a energia criada pelo mundo material que é a fonte de poder da bruxaria natural.

O juramento da bruxa natural

A bruxaria natural é uma atitude, um modo de viver. Entretanto, há também a oportunidade de explorar o caminho natural por meio de rituais pessoais e da criação de feitiços e amuletos. Rituais oferecem a oportunidade de sintonizar sua energia pessoal com a energia ao seu redor de forma mais estruturada, e experimentar a energia natural do seu ambiente de maneira diferente de como você faz no seu cotidiano.

Se você se reconhece e identifica suas crenças nas páginas anteriores, então talvez você tenha recebido o chamado do caminho da bruxa natural. Se deseja se declarar formalmente nesse caminho e viver uma vida natural, pode então fazer o juramento a seguir ou usá-lo como base para escrever sua versão personalizada. Você pode se dirigir a uma divindade, como no exemplo a seguir e em outros ao longo deste livro. Faça como preferir.

> *Senhor e Senhora,*
> *Espíritos da Natureza,*
> *Elementos ao meu redor,*
> *Concedam-me suas bênçãos enquanto trilho o caminho da bruxa natural,*
> *Que todas as minhas ações sejam para o bem de todos,*
> *Tanto da Humanidade como da Natureza.*
> *Deem-me sabedoria e paz,*
> *Serenidade e equilíbrio enquanto trilho este caminho.*
> *Concedam-me confiança para fazer o trabalho necessário*
> *E a força para suportar os fardos que a vida me apresentar.*
> *Eu juro proteger o Espírito da Natureza,*
> *Trabalhar com a Natureza,*
> *Honrar a Natureza,*
> *E todos que compõem a multiplicidade da Natureza.*
> *É o que lhes peço e prometo,*
> *No dia de hoje, neste lugar,*
> *E como uma bruxa natural, eu juro.*

Se desejar, pode renovar esse juramento uma vez por ano numa época importante para você — no início ou no fim de cada estação, por exemplo, para reafirmar seu compromisso com seu caminho e seu modo de vida. O capítulo 4 se dedica às estações e a várias atividades ou rituais que você pode realizar para se sintonizar ainda mais com as mudanças energéticas do ciclo anual; tornar esse juramento uma parte de uma ou das quatro celebrações sazonais pode renovar o seu compromisso, sua mente e seu espírito.

A oração da bruxa natural

Se a ideia de uma oração diária lhe atrai, essa é uma forma adorável de começar ou terminar o seu dia. Tente rezar, em voz alta ou no seu coração, num lugar que seja sagrado para você, que seja formalmente abençoado e consagrado pela forma como você o usa no seu dia a dia.

Senhor e Senhora,
Espíritos da Natureza,
Elementos ao meu redor,
Concedam-me suas bênçãos enquanto me movo pelo mundo hoje.
Que eu possa trazer alegria e tranquilidade a tudo o que tocar.
Que minhas ações tragam apenas harmonia ao mundo.
Que eu possa curar a dor e aliviar a raiva,
Que eu possa causar alegria e equilíbrio ao trilhar meu caminho.
Espíritos da Natureza, me apoiem e me guiem,
No dia de hoje, e em todos os dias que virão.
É o que peço a vocês, como uma bruxa natural,
E agradeço a vocês pelas muitas bênçãos.

A prática da bruxa natural não precisa de muito alarde, instrumentos bonitos nem rituais complicados. Talvez, mais do que qualquer outro caminho na bruxaria, o caminho natural se relaciona com a filosofia de vida e a forma como você interage com o mundo ao seu redor. Por isso, suas orações, os rituais que realiza e seu espaço sagrado devem ser significativos. Criar uma prática pessoal que reflita quem você é e seus desejos, e trabalhar e criar harmonia no mundo ao seu redor, essa é a chave para viver uma vida satisfatória e realizada como bruxa natural.

Aceitando o seu poder

Capítulo 2

Como a bruxaria da cozinha, a bruxaria natural enfatiza a praticidade e a atividade diária. Não existem palavras especiais, preces únicas, uniformes, textos sagrados, instrumentos obrigatórios, nem dias sagrados específicos... a menos que você os invente. O caminho natural está muito relacionado à prática diária da arte e não se separa do que é sagrado. O caminho da bruxa natural é sagrado — e muito —, mas não está isolado do mundano. A vida secular em si que é sagrada para a bruxa natural.

Dito isso, e entendida a natureza particular de viver uma vida natural, pode-se dizer à bruxa natural para se concentrar em determinadas questões e energias experimentadas na vida secular. Longe de ser uma prática apenas baseada no uso de ervas e recursos naturais, a prática da bruxa natural gira em torno do trabalho de alcançar e preservar a harmonia em sua vida, sua comunidade e na natureza.

Foco nos seus centros de energia

Existem sete áreas ou energias básicas nas quais a prática da bruxa natural se concentra:

1. **Harmonia:** dentro de si; entre a humanidade e a natureza; entre os indivíduos; dentro da comunidade ou da família.
2. **Saúde:** do corpo; da mente; do espírito; do ambiente natural mais próximo; do meio ambiente em escala maior.
3. **Amor:** por si mesma; pelos outros indivíduos; pela humanidade.
4. **Felicidade:** na própria vida; na vida dos outros; no mundo natural.
5. **Paz:** interior; dentro da comunidade ou da família; entre grupos diferentes; entre as nações.
6. **Abundância:** pessoal; familiar; comunitária; nacional; natural; inclui também a prosperidade e a fertilidade, pois ambas são aspectos da abundância.
7. **Proteção:** pessoal; familiar; da comunidade; da natureza.

Essas são as sete áreas que abarcam grande parte da vida. Vamos observá-las uma a uma.

Harmonia

A harmonia é o lema e o principal objetivo da prática da bruxa natural. A harmonia pode ser vista como a energia que ajuda todas as outras a fluírem, e que pode ser aplicada a qualquer uma das outras seis áreas de atenção para ajudá-las a se desenvolver. Para manter a harmonia, você precisa equilibrar as outras seis áreas da sua vida, e quando tudo estiver harmonizado, essas áreas fluirão suave e simultaneamente. É claro que você também pode trabalhar para alcançar a harmonia como um objetivo, e diversos rituais, feitiços e receitas neste livro a estimulam.

Quando sua energia pessoal está equilibrada e todas as várias partes de quem você é estão em sintonia, você está em harmonia consigo mesma. É mais difícil do que parece. Todas possuímos características das quais não gostamos e que preferiríamos não ter. É importante, contudo, reconhecer esses traços da nossa personalidade e do nosso espírito, pois se você os nega, está rejeitando uma fração de si e recusando parte de sua energia pessoal. A harmonia entre os seres humanos e a natureza é importante, e cuidar desse equilíbrio entre a humanidade e o mundo natural faz parte de nosso trabalho. Encorajar a harmonia entre indivíduos é uma das formas mais comuns de movimentar e transmitir energia. Essa comunicação é uma das bases da sociedade.

Saúde

A saúde afeta seu bem-estar físico, mas também afeta seu bem-estar emocional, psicológico e espiritual. A doença cria ou é resultado do desequilíbrio em sua energia pessoal, que deve ser recalibrada para restabelecer a sua saúde. Ouvir seu corpo e trabalhar com a energia dele ajudará a manter uma saúde física, mental e espiritual balanceada. Todas essas energias são independentes e merecem ser levadas em conta quando uma ou outra se desequilibra.

A saúde do seu ambiente mais próximo também afeta a saúde do seu corpo, da sua mente, do seu espírito. A saúde do ambiente é uma preocupação constante da bruxa natural, pois o meio ambiente afeta toda a humanidade.

Amor

A maioria das pessoas considera o amor uma parte importante de suas vidas. Elas gastam boa parte de seu tempo tentando encontrá-lo, mantê-lo ou fortalecê-lo. Porém existe mais amor para além do tipo romântico que nos vem à mente. Amar de forma saudável é crucial para uma energia pessoal bem equilibrada e uma autoestima saudável. Amar a família e os amigos íntimos que compõem sua família estendida também é importante, pois é o amor desses companheiros que lhe apoia em seus esforços diários. Manter relacionamentos positivos e equilibrados com essas pessoas é intrínseco ao seu equilíbrio emocional e espiritual. O amor por toda a humanidade também é uma área de atenção importante para a bruxa natural, ainda que seja difícil amar alguém que você não conhece pessoalmente ou de quem você não gosta. Amar os outros é um exemplo de como honrar e respeitar a natureza e todas as suas criaturas: é uma atitude que honra sua existência e seu lugar entre as energias da natureza.

Felicidade

Muitas pessoas se esforçam pela felicidade e pela alegria, assim como o fazem em busca do amor. Existem muitos tipos diferentes de felicidade. Sua alegria própria, por exemplo, é um objetivo, mas você também pode trabalhar pela felicidade dos outros e do mundo natural. Embora o mundo natural não tenha necessariamente emoções, existe uma sensação de paz e de contentamento a ser encontrada quando um elemento ou um aspecto do mundo natural está em harmonia com seu entorno e com você. Esse estado pode ser considerado uma felicidade. É importante se lembrar de que a felicidade é uma coisa muito pessoal, e que nenhum ato ou item poderá deixar todo mundo feliz. A felicidade também abarca a capacidade de se alegrar e celebrar quem se é, e cada pessoa se celebrará de um jeito único.

Paz

Paz pode significar uma variedade de coisas diferentes, dependendo do que você necessita: serenidade, relaxamento, falta de agressividade, sossego etc. Como a felicidade, a paz é um conceito bem individual e, por isso, o que constitui a paz para você pode ser diferente de como outra pessoa a define. Quando uma família ou comunidade está em paz, está equilibrada em seu interior com as comunidades ao seu redor. A bruxa natural trabalha pela tranquilidade e pela paz, por um ambiente pacífico de energias que, do contrário, seriam direcionadas para algum tipo de ataque ou defesa em vez de serem direcionadas para ações mais produtivas e positivas.

Abundância

A abundância é uma área de atenção que abarca as energias de prosperidade e fertilidade. Quando você tem algo em abundância, não se preocupa mais com aquilo (a menos que seja uma abundância de problemas!) e se sente segura o suficiente para focar nas partes da sua vida que exigem sua atenção para colocá-las em equilíbrio. Se suas necessidades forem atendidas, então você tem a liberdade para cuidar dos outros. Conforme a bruxa natural se concentra em outras áreas de atenção, pode contemplar a abundância pessoal, familiar e comunitária, assim como garantir a fertilidade e a abundância do mundo natural.

Proteção

Proteção envolve guardar algo precioso. Pode envolver a proteção de seu corpo físico ou dos corpos dos outros, suas posses, seu bem-estar emocional, da alma ou do espírito de um indivíduo, o bem-estar de uma família ou de uma comunidade, seja ela local ou global. Quando estamos protegidas nos sentimos seguras e livres para buscarmos outras trilhas de autoexpressão e desenvolvimento.

Voltaremos a essas sete categorias outras vezes enquanto exploramos a prática da bruxa natural. Você verá receitas e rituais abordando essas áreas, e elas poderão ajudá-la com os propósitos que decidir usar.

Instrumentos úteis

Como a bruxa natural não tem um caminho estruturado, não são necessários instrumentos ou equipamentos para segui-lo. Entretanto, existem ferramentas importantes que quase toda bruxa natural usa em suas práticas.

Ervas e plantas

Com tanta ênfase em trabalhar com as energias naturais, não surpreende que ervas e plantas logo venham à mente quando se pensa numa bruxa natural e nos elementos com os quais ela interage. De fato, muitos itens naturais fazem parte da caixa de ferramentas e do armário de suprimentos da bruxa natural. O capítulo 5 fala de árvores, flores e plantas usadas de modo costumeiro pela bruxa natural.

Suas mãos

As mãos da bruxa natural são ferramentas valiosas. Com as mãos, ela toca e absorve informações. Com as mãos, ela distribui carinho. Seu tato é aguçado. Nós confiamos muito na visão, mas nosso tato carrega um grande poder e transmite informações igualmente importantes que a bruxa natural sabe levar em conta. O toque também nos permite sentir a energia e formar ligações imediatas entre a bruxa natural e com quem ou o que ela se comunica, seja absorvendo informações sobre a energia de uma planta e seu usos potenciais ou pousando a mão sobre a testa de uma criança doente. Você usa as mãos para cuidar de suas ervas e colhê-las, prepará-las para armazenagem, misturá-las. As mãos podem se tornar uma extensão física dos seus pensamentos e da sua vontade.

O diário

Escrever experiências, anotar atividades, receitas, rituais e pesquisas é de grande importância porque esse registro forma o principal corpo de conhecimento ao qual você vai se referir várias vezes em seu trabalho. Observe que esse caderno não é um Livro das Sombras, que é um termo usado pelos ocultistas e pela Wicca para descrever registros de feitiços, rituais e informações mágicas. Seu diário da bruxa natural vai incluir algumas informações mágicas, sim, porque a bruxa natural entende que a mágica é apenas outro método de tocar a energia da terra; mas, acima de tudo, ele terá receitas, desenhos, mapas, experimentos, observações e relatos do seu trabalho e outras experiências. Com o tempo, você vai preencher vários cadernos, e eles podem ser bagunçados e caóticos. Não tem problema. Seu diário não precisa ser perfeito. Ele precisa ser uma reprodução dos seus pensamentos e do conhecimento em evolução.

Um método para registrar o que você aprendeu e as informações obtidas é organizá-las por data. Desse modo, você se lembrará e entenderá o que fez e por quê; o diário dará o contexto para a sua evolução. Não se preocupe com a aparente confusão de assuntos sobre os quais escreve. Como o caminho da bruxa natural é orgânico, faz sentido permitir que seu diário (como qualquer diário) faça desvios de um assunto para outro. Algumas bruxas naturais gostam de separar seu trabalho em livros de receitas, saberes das plantas, e por aí vai, assim elas podem encontrar as informações com mais facilidade quando precisam de referências. Sugiro que você coloque tudo em seu diário principal primeiro, então copie as receitas, os rituais ou os saberes das plantas em outro caderno depois que aperfeiçoá-los, assim terá uma cópia limpa e organizada como referência de consulta. É bom ter um lugar onde você pode escrever tudo sem se preocupar em editar enquanto registra: as primeiras impressões de plantas, árvores, elementos e situações podem ser inestimáveis. Passar essa informação a limpo depois pode te ajudar a firmar suas impressões e a se familiarizar com elas. Você também vai continuar acrescentando novos comentários, informações e pesquisa.

Quando passear pelos campos ou pela floresta ou sair para caminhar em sua vizinhança, tenha sempre seu diário da bruxa natural com você. Se carregar seu diário principal é difícil por conta do tamanho, pode ser interessante ter um caderno menor para tomar notas quando está ao ar livre. Transfira as informações que você reuniu em suas trilhas no seu diário principal quando chegar em casa. Seu diário da bruxa natural vai se mostrar importante e útil nos próximos meses e anos.

O cálice

Um cálice simples (de cerâmica é ideal) é um item útil para a bruxa natural. A água é um dos quatro elementos físicos (e metafísicos), e as bruxas naturais costumam gostar de ter uma representação de cada elemento por perto enquanto trabalham. Um cálice reservado exclusivamente para conter água é um jeito de honrá-la. Além disso, o cálice é útil para servir bebidas em contextos ritualísticos. Embora a prática da bruxaria natural não envolva grandes rituais e cerimônias formais, uma ferramenta casual como um cálice pode conceder certa energia ao seu trabalho, se reservada apenas para o seu uso pessoal. Algumas bruxas naturais usam qualquer recipiente, conforme a sua vontade, porque é o que vai no cálice o que importa.

Almofariz e pilão

Um almofariz e um pilão são indispensáveis para esmagar ervas secas, sementes ou resinas e para misturar materiais para diversos projetos. Embora almofarizes e pilões estejam disponíveis em outros materiais, a pedra é o mais fácil de manter limpo e tem a força e o peso necessários para triturar os ingredientes que você precisa, como resina. Às vezes, considera-se que o metal pode estragar a energia das ervas que você mistura, ao passo que a madeira absorve os óleos e sumos, além de ser praticamente impossível de manter higienizada. Ainda que você goste da aparência de um almofariz e um pilão pequenos, ou queira economizar dinheiro comprando os menores, faça um favor a si mesma e os evite. Eles são difíceis de manipular, e se você usar o almofariz para fazer misturas, ficará limitada a uma ou duas colheres de chá. O tamanho padrão de um almofariz é de aproximadamente 13 cm de altura e 13 cm de largura, com um pilão um pouco afunilado de 10 cm por 2,5 cm. Você não deveria usar nada menor do que isso.

Tigelas

Tigelas também são essenciais para o seu trabalho de misturar e guardar ingredientes ou componentes enquanto trabalha em seus diversos projetos. Várias tigelas pequenas de cerâmica serão úteis para suas diversas atividades, uma vez que você não misturará grandes quantidades de ingredientes. Tenha algumas tigelas grandes de vidro para atividades maiores e mais caóticas como fazer um pot-pourri. Contudo, não use tigelas de plástico. Esse material absorve óleos e aromas. Tigelas de vidro ou cerâmica vitrificada são as melhores opções.

Potes e latas

Vidros, potes de cerâmicas ou latas são ideais para armazenar as suas ervas, seus incensos e outros ingredientes. Como suas tigelas, elas podem variar em tamanho, de potes pequenos a latas grandes. Vidros coloridos ou materiais opacos ajudarão a proteger ervas secas de murcharem e perderem seus óleos benéficos. Se usar vidros transparentes, então guarde seus potes em um armário para protegê-los da luz, ou embrulhe-os com papel.

Facas ou tesouras

Uma ferramenta essencial para a bruxa natural é a faca afiada para colher ervas e outras plantas. Essa faca deve ser mantida limpa e sempre amolada, pois uma lâmina sem corte é perigosa para quem a usar e para o que estiver sendo cortado. Se estiver desconfortável usando uma faca afiada para cortar caules e folhas, use uma tesoura de jardinagem ou uma tesoura bem afiada, reservando sua faca para picar e preparar as ervas em casa, numa superfície lisa e sólida, como uma mesa. Para algumas pessoas, é mais fácil manusear tesouras e podões — é o meu caso. Mantenha-os afiados e higienizados. Como o cálice, você pode usar a faca com a qual se sinta mais confortável.

Cajado

Um cajado ou bastão não apenas te ajuda a passear pelo mundo natural, mas também serve como uma "árvore do mundo" simbólica, que conecta o reino material e o espiritual. A árvore do mundo é como uma espinha dorsal, servindo de suporte e como uma conexão entre os outros mundos e o nosso. Nos mitos nórdicos, dizem que essa árvore é o fraxinus (ou às vezes um teixo) chamado Yggdrasil. Na mitologia céltica existem várias árvores do mundo, entre elas aveleiras, carvalhos etc. Nas práticas xamânicas, a árvore do mundo costuma ser representada por uma tenda sobre as quais estão as estrelas do outro mundo. A estaca dessa tenda é "escalada" pela consciência do xamã por meio de uma série de meditações e outras atividades.

A árvore é um símbolo importante. Percebemos as árvores como seres fortes que nos oferecem abrigo ou apoio, e, contudo, também as vemos como seres flexíveis, pois algumas delas se curvam ao vento. As raízes de uma árvore podem alcançar as profundezas da terra em busca de estabilidade e nutrição. Seus galhos se elevam para que as folhas possam absorver o máximo possível de luz do sol e assim alimentar a árvore. Um cajado ou um bastão simbolizam tudo isso numa escala menor. É um signo da árvore que carrega a sua energia e relembra a bruxa natural de que ela está conectada com o céu e com a terra.

Alguns livros se referem a um *stang*, que seria um cajado bifurcado. Às vezes, ele é descrito como uma espécie de altar cujo cabo pode ser enterrado no chão, deixando o garfo apontando para o alto, pronto para ser decorado pela bruxa natural. Guirlandas, sachês, molhos de ervas, buquês de flores e fitas são as coisas mais comuns de serem penduradas ou amarradas num *stang*. O próprio *stang* pode ser reutilizado, e as decorações podem ser descartadas respeitosamente uma vez que a cerimônia ou a atividade for encerrada.

É interessante comparar o cajado e a faca. O cajado sustenta e serve como uma conexão, enquanto a faca (ou outra lâmina) corta e colhe. Os dois são símbolos arquetípicos, opostos e complementares. A bruxa natural usa os dois e honra ambos os arquétipos de conexão e corte, unidade e separação, pois são intrínsecos ao ciclo da vida e aos ciclos encontrados na natureza.

Algodão ou gaze

Um rolo de algodão natural é algo útil de se levar quando você for caminhar pela floresta ou pelo campo. Pode ser usado para enrolar as ervas, em vez de colocá-las num saco, e ajuda a preservar os ramos mais delicados. Também é bom para primeiros socorros, caso você se corte, se arranhe ou se machuque de forma superficial pelo caminho. (É sempre bom ter à mão um kit de primeiros socorros pequeno, portátil, quando você sair para caminhar e explorar, e é claro que você deveria ter um em casa também, seja na cozinha ou no banheiro.)

Bolsa de amuletos

Como bruxa natural, com o tempo você desenvolverá uma conexão pessoal com pequenos objetos, como pedras, pinhas, sementes ou talismãs, e poderá querer carregá-los consigo. Costure ou compre uma sacolinha para carregá-los e coloque-a em sua bolsa ou mochila quando for viajar. Ao fazer isso, você porta a energia natural desses objetos, e assim eles influenciam a sua própria. Você também mantém o contato com seus significados emocionais e pessoais, que a fortalecem de formas diferentes. Juntos, esses itens formam uma fonte de poder pessoal para a praticante. No entanto, tenha certeza de que sua bolsa de amuletos não seja grande demais: se você se pegar carregando muitos objetos mágicos, é hora de separá-los e escolher quais são os mais importantes. Deixe os itens que você retirar de sua bolsa em seus santuários pessoais em casa para manter um tipo de contato diferente com eles (leia mais sobre santuários a seguir neste capítulo).

Transforme seu lar em um espaço sagrado

No passado, a lareira servia como o coração da casa. Era a fonte de calor e luz, e onde a comida era preparada. A magia de lareira gira em torno da segurança, da nutrição e da proteção. A maioria dos caminhos está associada a aspectos de lar e de lareira, mas para a bruxa natural, muito de sua prática espiritual é focada numa atividade popular simples na qual a lareira tem um lugar importante em sua prática natural.

A maioria das pessoas no caminho natural tem uma forte conexão com seu entorno. Elas instintivamente buscam criar um ambiente que abarque a harmonia, a comunicação e um fluxo natural de energia.

Sua casa em si — o espaço em que você vive — pode ser facilmente negligenciado como uma ferramenta para desenvolver sua espiritualidade. Sua casa é um lugar que te fortalece, um lugar para retornar em segurança e recarregar suas baterias. Se seu lar é desorganizado e tem uma energia desagradável, falta a você uma base de poder sobre a qual possa trabalhar. Uma de suas fontes de energia está em falta.

Dicas para melhorar a sua casa

Como transformar a própria casa em um espaço sagrado? No fim das contas, isso depende de você e do tipo de energia que sustenta melhor sua vida diária. Aqui vão algumas dicas para tornar a sua casa o melhor lugar para uma bruxa natural viver. Essas dicas vão ajudá-la a manter a energia positiva fluindo pelo seu lar.

- **Observe a sua decoração.** Como você decora a sua casa diz muito a seu respeito. Entretanto, você se acostuma com a aparência das coisas e, às vezes, se esquece de que nunca pintou as paredes brancas do seu locatário quando se mudou para o apartamento, ou de que seus móveis estão exatamente onde você os colocou quando só estava tentando posicioná-los em algum lugar em que coubessem. Observe a sua casa com um olhar renovado e crítico. As cores das paredes ainda refletem quem você é? O que os móveis dizem a seu respeito? Caminhe pelos cômodos. Há lugares onde você tem dificuldade para chegar? Se não quiser ficar neles porque é muito difícil (fisicamente ou de outras formas), então existem boas chances de que o fluxo de energia dessas áreas esteja obstruído. Pense em reorganizar a posição dos móveis, das fotografias e dos enfeites.

- **Descarte o que você não usa.** Se não estiver usando, jogue fora. Do contrário, apenas está ocupando espaço e bloqueando a energia. Venda, doe para um amigo, leve para um brechó, encontre outro uso em outro lugar.

- **Examine sua iconografia.** Suas pinturas e fotografias têm um efeito psicológico profundo em você. Contemple com atenção as cores e pessoas predominantes. Elas são apropriadas para o cenário onde estão? Embora você ame a sua reprodução de *O Grito*, de Munch, pode não ser a melhor obra de arte para pendurar num lugar onde você gostaria de relaxar.

- **Pense no propósito de cada cômodo da sua casa.** Quando decide qual o tema ou o verdadeiro propósito de cada cômodo, você pode focar em remover os elementos que atrapalham a energia e estimular que a energia desejada permaneça. Por exemplo, se na sala de estar estiverem a sua mesa de trabalho, seu equipamento de ginástica e o baú de brinquedos dos seus filhos, você pode perceber que existe muita energia conflitante ali. Nada disso é ruim; é apenas confuso. Tente manter cada cômodo separado com seu propósito designado, e você descobrirá que a energia ficará mais óbvia. Se a sala servir a um duplo propósito, mantenha as coisas em seus devidos lugares.

- **Cuide da limpeza.** A energia pode parecer empoeirada e enlameada, da mesma forma como sua casa fica fisicamente suja. Também é um fato lamentável que a energia se torne rançosa e ruim em um ambiente que não é limpo. O trabalho doméstico não é dos passatempos mais empolgantes, mas ajuda a manter a energia de sua casa suave e brilhante. Garanta que tudo tenha o seu lugar e nele continue. Mantenha sua casa livre da poeira e da bagunça da melhor maneira que puder.

- **Faça purificações com frequência.** O equivalente espiritual da limpeza física. A purificação é uma forma excelente de manter a vibração das boas energias em sua casa. Também é uma boa maneira de se livrar dos maus sentimentos deixados por discussões, ou da energia caótica deixada depois de uma festa. E a purificação remove más energias à deriva ou energia morta acumulada nos cantos ou aprisionada em cômodos mal-organizados. Você pode encontrar as instruções de como fazer uma purificação mais adiante neste capítulo.

Às vezes, olhamos ao redor em nossa casa e imaginamos como é possível transformá-la em um refúgio de tranquilidade e alegria. Começar com uma boa limpeza de primavera (mesmo que seja outono!) é sempre uma boa ideia. Se limpar a casa inteira de uma vez parece muito exaustivo, faça um cômodo de cada vez. Para começar, você pode escolher um cômodo para servir como seu santuário e refúgio espiritual. Ou você também pode começar pelo coração da sua casa e trabalhar a partir dele.

Seu santuário não precisa ser apenas devotado a você e ao seu caminho; na verdade, poucas de nós temos essa opção, então, se você conseguir, meus parabéns. A maioria de nós divide o espaço com membros de nossas famílias e se vira criando pequenos nichos onde pode. Contudo, mesmo esse cantinho pode ser importante para a sua saúde espiritual. Não subestime o poder de uma cadeira coberta pela sua manta favorita ao lado de uma mesinha com uma vela e uma planta, ou de um sofá com almofadas próximo da janela, repleto de tecidos coloridos e macios que lhe agradam. Se é o seu espaço, você tem um lugar onde pode se sentar e fechar os olhos, atrair essa tranquilidade para o seu espaço pessoal e encontrar o equilíbrio.

O coração da sua casa, por outro lado, pode ser mais fácil de identificar. As pessoas tendem a acabar na sua cozinha quando elas te visitam? A sua família se reúne num cômodo específico, mesmo que exista outra sala que tenha sido designada para ser a sala de estar? Onde as pessoas se concentram acaba sendo o verdadeiro coração da sua casa. Não é necessariamente um espaço tranquilo, e sim cheio de idas e vindas, muita comunicação e partilha. É o lugar onde todo mundo quer estar. Começar a purificação da sua casa nesse lugar beneficia todos que o usam.

Limpeza física, purificação espiritual

A bruxa natural tem alguns truques na manga quando se trata de manter um ambiente doméstico saudável e feliz. O primeiro é aprimorar produtos de limpeza comuns com um pouco de magia natural. O segundo é entender que a energia de um espaço precisa ser limpa com frequência, física e espiritualmente.

A forma mais simples de aprimorar seus produtos de limpeza é transmitir um pouco de poder a eles. Isso significa preenchê-los com energia extra associada a um objetivo específico. É fácil de fazer.

1. Primeiro segure a embalagem do produto de limpeza, ou ponha suas mãos sobre ele e feche os olhos.

2. Respire fundo de três a quatro vezes para se acalmar e se equilibrar.

3. Pense na energia que você gostaria de transmitir ao produto para ajudá-la a atingir seu objetivo. Por exemplo, você poderia focar na felicidade. Tente se lembrar de como você se sente quando está feliz.

4. Agora tente passar esse sentimento para o produto de limpeza. Visualize o sentimento brotando do seu coração e fluindo pelos seus braços e através das suas mãos; visualize o produto absorvendo essa energia.

Agora, quando você fizer faxinas com ele, estará usando o produto para fazer limpeza, mas enquanto isso também estará enchendo aquela área com a energia que colocou naquele produto. Você pode energizar seus produtos de limpeza com mais de uma energia, desde que essas energias estejam alinhadas umas com as outras, sem propósitos conflitantes. Por exemplo, você pode energizar o lustra-móveis com felicidade, paz e prosperidade. Para melhores resultados, escolha produtos ecologicamente responsáveis ou de comércio justo, que não contenham ingredientes tóxicos.

Você pode fazer uma energização geral nos seus produtos, ou pode pensar na função de cada um e no que ele contém, e codificar a energização dessa forma. O capítulo 5 lista essências e incensos correspondentes aos produtos de limpeza. Você pode usar essas associações no aprimoramento dos produtos. Por exemplo, se um produto tem aroma de pinho, aprimore-o para proteção e prosperidade. Se seu limpador de vidros tiver aroma de limão, energize-o para amor e alegria. Se seu detergente tiver aroma de maçã, aprimore-o para a saúde.

Quando fizer a limpeza, você pode visualizar a energia que está invocando para o espaço. Visualizar enquanto limpa também ajuda a espantar o tédio e o aborrecimento que associamos a tirar o pó e a sujeira que vai acabar se acumulando novamente. Pense nisso como a manutenção do espaço pessoal da bruxa natural.

Outro aspecto de por que manter seu espaço limpo e reluzente é a purificação. É importante fazer uma limpeza energética do espaço onde você vive porque a energia de um ambiente afeta a energia das pessoas que o utilizam. Se você já entrou em um lugar e se sentiu estranha sem ter um motivo óbvio, então foi afetada pela energia presente naquele espaço. Embora seja verdade que a situação da higiene afete a energia de um cômodo, você também precisa limpar a energia existente naquele espaço. Do contrário, a energia negativa se acumula, assim como a poeira acumulada na estante de livros que você negligencia na faxina.

A purificação pode ser feita de diversas maneiras. Um método clássico é varrer a energia negativa para longe com uma vassoura. A vassoura da bruxa geralmente é vista apenas como um símbolo, mas também pode ser usada como uma ferramenta comum. Ela pode, na verdade, ser um utensílio importante e é muito fácil de usar.

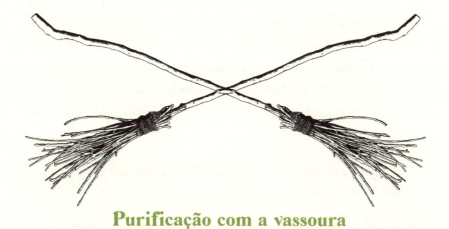

Purificação com a vassoura

Esta purificação básica com a vassoura pode ser feita praticamente em qualquer lugar e a qualquer momento. Não use vassouras de cerdas de nylon ou plástico. Encontre uma com cerdas de palha de verdade. Lojas de artesanato às vezes vendem vassouras feitas à mão. (Para dar um toque personalizado, você pode fazer sua própria vassoura seguindo as instruções do capítulo 7.) Você pode manter a vassoura que usa para purificação somente para esse propósito, ou usar sua vassoura comum de limpeza doméstica para purificar. Siga os passos de como deve ser feito:

1. Fique de pé no meio do cômodo que você pretende purificar. Segure a vassoura com as duas mãos.
2. Respire profunda e lentamente três vezes para se acalmar.
3. Comece a se mover como se varresse, mexendo a vassoura da direita para a esquerda. Não toque o chão com a vassoura, mas tente balançá-la a poucos centímetros dele. É a energia que você está varrendo, não a superfície.

4. Vire-se para a esquerda, girando sem sair do lugar. Essa é a direção anti-horária, que tradicionalmente é associada ao rompimento e banimento da energia negativa. Caminhe numa espiral ao seu redor no sentido anti-horário pelo cômodo, varrendo um pouco acima do chão enquanto avança. Conforme caminha e varre, visualize a energia da sala sendo mexida e movimentada pela vassoura, e quaisquer pontos pesados sendo partidos, e o fluxo normal sendo restabelecido. Veja a energia turva ficar brilhante e reluzente.

5. Varra o cômodo inteiro, ampliando gradualmente seus movimentos em sentido anti-horário até chegar à porta.

6. Se desejar, pode encerrar a purificação com uma breve declaração, como:

Brilhante e luminosa é a energia que flui pela minha casa. Esta sala foi purificada.

Outra forma maravilhosa de purificar um ambiente é com incensos. A próxima receita cria um incenso suave que, ao ser queimado, libera uma energia de limpeza da negatividade. Para informações mais detalhadas sobre como fazer e usar incensos herbários, veja o capítulo 7.

Incenso para purificação da casa

Queime uma pitada deste incenso em um prato ou incensário resistente a calor sobre um carvão próprio para incenso (não use carvão de churrasco). A receita rende uma colher de sopa de incenso.

1 colher (chá) de resina de olíbano
1 colher (chá) de resina de copal
Almofariz e pilão (opcional)
1 colher (chá) de raspas de limão secas em pó
3 pitadas de lavanda seca
Pote pequeno de vidro com uma tampa bem ajustada

1. Se necessário, triture as resinas no almofariz usando o pilão até que os pedaços maiores fiquem menores. Tome cuidado para não os moer demais, ou ficarão pegajosos.
2. Coloque todos os ingredientes no pote, tampe-o e sacuda até que todos os itens estejam bem misturados.
3. Segure o pote em suas mãos e visualize uma luz brilhante se formando ao redor dele. Essa luz é a energia purificadora para transmitir poder ao incenso. Veja a luz ser absorvida pela mistura de ervas e resinas.
4. Etiquete o pote e coloque a data de fabricação. Para usá-lo, acenda o carvão para incenso e o coloque no incensário seguindo as instruções do capítulo 7. Pegue uma pitada do incenso de purificação e salpique em cima do carvão. Coloque o incensário no meio do cômodo e permita que a energia purificadora encha a sala conforme a fumaça a libera.

Usando os quatro elementos dentro de casa

Estar cercada pela natureza é a primeira coisa que vem à cabeça quando você pensa no caminho de uma bruxa natural, mas como você pôde ver, o que está no interior da casa de uma bruxa natural é tão importante quanto o que está no exterior. Muitas de nós que vivemos em ambientes urbanos não temos acesso a regiões silvestres. A bruxa natural moderna precisa descobrir como se conectar com a energia da natureza sem estar cercada por ela. Isso pode ser realizado com facilidade em casa. Cada bruxa natural é diferente, e como a prática é informal, não existem orientações de como decorar o seu espaço pessoal. Dependendo dos seus gostos e preferências, sua casa pode ter uma aparência muito diferente da casa de outra bruxa natural. Uma das formas mais simples de trazer a energia do mundo natural para a sua casa é colocar plantas no ambiente.

Ao se cercar de objetos com significados pessoais e escolher cores e decorações para a sua casa que reflitam seus objetivos de equilíbrio e harmonia, você fortalece sua casa como um lugar de poder. Embora a maioria das bruxas naturais tenha um ou mais cômodos, cantos ou nichos dentro e fora de casa, designados especificamente como locais sagrados, onde pode trabalhar e comungar com a natureza e o divino, toda a sua casa pode se tornar um espaço sagrado. O "coração" do lar sempre é um ponto focal na casa de uma bruxa natural, seja ele a cozinha ou outro cômodo onde a família se reúna. Raramente esse é um ponto prático para atividades rituais. Embora a bruxaria natural não seja um caminho cerimonial e não esteja baseada em ritos formais, os rituais são parte central por meio dos quais você consegue entrar em contato com o divino e tornar a sua jornada espiritual mais fundamentada. Santuários são ideais para esse propósito.

A bruxa natural reconhece que a energia divina se manifesta no mundo natural. Os pilares básicos transcendentais da construção do mundo natural são os quatro elementos — terra, ar, fogo e água. Ao trabalhar com esses elementos, você consegue fortalecer sua conexão com o mundo natural, e isso pode ser feito dentro ou fora de casa. Se você não tem acesso a florestas e campos, pode trabalhar com os quatro elementos entre quatro paredes e equilibrar sua conexão com o mundo natural por meio deles.

Santuários elementais

Um santuário elemental é um lugar onde você pode se conectar com um dos elementos ou com todos os quatro. Por exemplo, se você construir um santuário de água, pode incluir um cristal num cálice com água, uma pequena fonte, conchas, seixos de rios, fotos de cachoeiras, tempestades ou lagos calmos. Você pode colocar um lenço azul-claro sob esses objetos e talvez acrescentar um ou dois cristais de quartzo para representar o gelo. Um santuário de fogo pode ser uma coleção de velas vermelhas e douradas, ou um tecido vermelho com figuras de um leão ou dragão feitas de cobre ou latão. É importante refletir sobre o que esse elemento significa para você e reunir uma pequena seleção de itens que evoquem o que esse sentimento inspira. Lembre que um santuário não é um altar. Um altar é um lugar de foco, consagrado ao uso espiritual a ser utilizado pela bruxa natural. Serve como lugar para guardar instrumentos e ferramentas durante um feitiço ou ritual, um lugar para trabalhar em amuletos e outras atividades. Um altar pode ser permanente ou temporário. Muitas bruxas montam e consagram um altar a cada vez que elas querem trabalhar. Como santuários podem ser usados para honrar divindades ou elementos, o altar não é necessário para esse propósito e por isso pode ser considerado mais um espaço de trabalho. Muitas bruxas naturais usam qualquer superfície que bem desejarem como altares, talvez reutilizando o mesmo tecido para cobrir diferentes superfícies a cada vez que desejam estabelecer um altar. Nesse caso, o próprio tecido se torna o altar, carregando a energia associada com trabalhos espirituais repetitivos.

Bruxas naturais seguem sua intuição e por isso podem não realizar rituais ou trabalhar em feitiços da mesma forma toda vez, escolhendo o local de acordo com o que parece adequado para o seu propósito. Para a bruxa natural, isso significa que uma bancada, às vezes, pode servir como altar.

A praticidade da bruxa natural determina onde ela trabalha, e é frequente que esses tipos de tarefa sejam realizados em diversos lugares. Poções e unguentos podem ser feitos numa cozinha, e a criação de uma guirlanda protetora pode acontecer numa garagem. Você pode consagrar formalmente seu altar temporário cada vez que o monta, ou não, já que o mundano é sagrado para a bruxa natural. Uma bênção simples com os quatro elementos pode servir para consagrar a superfície que você escolheu usar como altar. (Veja as bênçãos elementais no capítulo 7.) Como bruxa natural, você também pode usar uma rocha ou um toco como altar permanente num canto do seu quintal ou da sua varanda, se tiver um dos dois.

Um santuário, no entanto, é um local para honrar algo ou alguém, deixar oferendas, um lugar onde você pode reunir coisas com significado pessoal e várias energias para tecerem juntas uma energia que é maior do que a soma das partes individuais. Um santuário cria espaço para certo tipo de energia. Uma coisa maravilhosa a respeito dos santuários é que ninguém precisa saber o que ele é. Pode ser simples como uma fotografia, uma vela, uma concha e uma fita colorida agrupadas juntas numa prateleira. Você sabe porque essas coisas específicas estão juntas; outra pessoa olhando para elas irá pensar que é apenas um arranjo decorativo. O importante é que a energia produzida pela combinação desses objetos alcance o objetivo que você antevê para ela.

Um santuário elemental não precisa ser num lugar associado àquele elemento. Por exemplo, você não precisa colocar um santuário da terra num quintal, ou um santuário da água no banheiro, nem um santuário do fogo na cozinha. Experimente ter quatro santuários separados em lugares diferentes. Você pode tentar construir o santuário da terra na parte da casa mais ao norte, o do ar ao leste, o do fogo ao sul e o da água ao oeste, que são os pontos cardeais com os quais os elementos são associados em várias tradições do ocultismo ocidental. Ou pense nos tipos de energia que você sente em diferentes áreas dentro da sua casa e crie um santuário de acordo com elas, mesmo que não seja nas direções tradicionais. Se você tiver um cômodo onde acontecem muitas conversas, tente colocar o santuário do ar lá. Se tem um quarto onde todos relaxam e se sentem em paz depois de um longo dia, tente montar o santuário da terra ou da água ali. Certifique-se de ter um santuário para cada elemento; assim, sua casa ficará equilibrada.

Se alguma parte da sua casa tem um determinado tipo de energia em falta, você pode montar um santuário para o elemento específico que vai equilibrar essa ausência. Se existe uma sala onde as pessoas tendem a se irritar, ou a energia se eleva demais, pode haver um excesso de energia do fogo que emerge da decoração, ou como resultado da energia que flui por meio dela. Tente criar um santuário de terra ou de água para balancear a energia do fogo com estabilidade e tranquilidade.

Você também pode experimentar fazer um santuário único com todos os quatro elementos. Isso pode ser perto do seu santuário pessoal ou da porta de entrada, para que seja a primeira coisa que você veja ao entrar e a última ao sair. Em um santuário para os quatro elementos, você não precisa reunir diversas representações de um único elemento. Em vez disso, escolha um ou dois objetos que lhe agradam e que simbolizem cada elemento e pareçam adequados. Santuários são coisas fluidas; você pode acrescentar objetos caso se sinta atraída por eles, ou remover objetos quando sente que eles não servem mais a um propósito. Em um santuário para os quatro elementos é preciso ter sempre, no mínimo, um item que represente cada elemento. Tradicionalmente, um pequeno prato de sal ou de areia representa a energia da terra, uma vela representa a energia do fogo, um copo ou um pote com água representa a energia deste elemento e uma vareta de incenso, penas ou uma flor fresca representam as energias do ar. Se você se preocupa com a possibilidade do sal e da água serem derramados, tente uma pequena planta em um vaso ou uma pedra para a terra e uma concha para a água. Acenda a vela e o incenso apenas quando estiver no cômodo. Fazer isso uma vez por dia pode te ajudar a organizar seus pensamentos e suas energias. Isso lhe dará um momento de paz para comungar com esses quatro pilares básicos da natureza.

Santuários temáticos

Ao criar santuários em lugares diferentes, cada um focado numa energia diferente, você pode desenvolver vórtices de energias específicas que podem compensar os excessos e as faltas na sua casa. Pense em criar um ou mais santuários nos aspectos mais básicos onde a bruxa natural se concentra. Se quiser atrair mais prosperidade e saúde para a sua casa, por exemplo, por que não criar um santuário com objetos que representam a abundância e a saúde para você?

Crie um espaço sagrado num ambiente externo

Se você for sortuda o suficiente para ser uma bruxa natural urbana com um pouco de espaço verde atrás ou na frente de sua casa, existem algumas coisas que você pode fazer para que esse espaço se torne vibrante e mais sagrado.

Se você é proprietária ou locatária do terreno, então pode considerar criar um espaço sagrado onde consiga relaxar, se reequilibrar e se reconectar com o mundo natural. Embora a maioria das pessoas visualize um grande círculo de pedras altas ou um jardim florido quando ouve as palavras "espaço sagrado externo", a bruxa natural sabe que um espaço sagrado não exige nada tão elaborado. Um cantinho, um banco de jardim, ou mesmo uma única pedra colocada em um pequeno canteiro de flores pode servir. Você pode sonhar em transformar seu quintal inteiro em um templo, mas, na realidade, é mais provável que ele seja usado como um playground, uma piscina, um quartinho de ferramentas ou um depósito. Talvez você divida o seu espaço verde com outros; isso também limitará suas atividades e seu acesso. Em termos práticos, estabelecer um espaço sagrado numa área externa pode ser ainda mais desafiador do que criar um espaço sagrado interno. Se você acha que manter seu espaço interno arrumado é um aborrecimento, então o espaço externo não será diferente. Um quintal inteiro dedicado a ser um espaço sagrado significa que você precisará mantê-lo inteiramente limpo, arrumado, saudável e bem conservado.

O espaço sagrado não precisa ser óbvio. Pode ser uma pequena área que só você reconhece como dedicada à sua espiritualidade. Você pode escolher um conjunto de plantas que simbolize sua prática e plantá-las juntas. Pode colocar uma pedra entre as plantas, uma pequena estátua de jardim ou uma treliça na qual você possa pendurar mensageiros dos ventos. Seu pequeno canto do quintal, que é um espaço sagrado, deve oferecer um lugar para se sentar ou ficar quieta, fazer uma pausa, limpar sua mente e seu espírito, e reequilibrar a si mesma.

Você também pode encontrar inspiração em lugares sagrados presentes na natureza. Lugares como riachos, lagos e nascentes são algumas vezes vistos como sagrados, pois a água é frequentemente associada ao outro mundo. Talvez uma pequena fonte ou outros aspectos da água pelos quais você se sinta atraída podem se tornar seu espaço social. Árvores solitárias e bambus também são tradicionalmente vistos como sagrados. Você pode plantar uma árvore especial ou um arbusto em seu espaço sagrado. Montanhas costumam ser consideradas sagradas. Construir uma montanha ou um monte de terra é inviável (ou impossível), mas você pode querer representar uma montanha com uma ou mais pedras de qualquer tamanho à sua escolha. Até mesmo "plantar" com intenção uma pequena pedra de 30 cm no solo pode declarar o espaço como sagrado.

A bruxa natural moderna, num arranjo urbano, pode se sentir perdida. Outras opções sempre estão disponíveis. Visite os parques e jardins públicos de sua cidade e encontre um lugar onde se sinta confortável e que te acalme, um lugar onde você possa alcançar reconexão e reequilíbrio. Crie um jardim em vasos na sua varanda (veja o capítulo 6 para dicas e ideias de jardins envasados na cidade). Plantas caseiras escolhidas com cuidado também podem oferecer uma conexão com um espaço sagrado e a sensação de estar ao ar livre.

Sintonize-se com a terra

Não importa qual seja o seu acesso à natureza, a bruxa natural trabalha próxima da terra. Você pode viver no quadragésimo andar de um arranha-céu e ainda ter um relacionamento significativo com a terra.

Entre os aliados comuns da bruxa natural estão os espíritos da terra. Eles podem ser companheiros valiosos e auxiliar na sua prática. Um espírito da terra é uma inteligência ou consciência associada a um lugar em particular, uma planta ou árvore, um objeto natural como uma rocha ou um riacho, ou um tipo específico de clima. Essas inteligências às vezes são chamadas devas, às vezes, fadas. Por vezes nos referimos a eles apenas como "espíritos da terra", "espíritos de" ou "forças de" alguma coisa. É importante entender que esses espíritos não são divindades.

Todas as bruxas naturais reconhecem ou trabalham com espíritos da terra? Não. Algumas bruxas naturais se sentem confortáveis falando de fadas ou devas, ao passo que outras reviram os olhos e continuam capinando o jardim. A maioria reconhece, sim, que a natureza tem uma inteligência ou uma sensação de espírito, que varia de acordo com o lugar. Nem todas dão um nome ou uma classificação a essa sensação de espírito.

O modo como cada bruxa natural trabalha com esses espíritos e essas forças vai depender de como ela os percebe. A maioria das bruxas naturais irá concordar que se conectar com várias forças e energias da natureza é um dos principais aspectos de sua prática, mas é provável que duas bruxas naturais não concordem em como fazer isso, ou até mesmo sobre as forças com as quais elas se conectam. Isso mostra como a prática natural é muito individualizada. Uma coisa que a maioria das bruxas naturais concordaria é que ela floresce ao trabalhar em harmonia com as forças da natureza.

Como você visualiza esses espíritos é com você. Você pode vê-los como pessoas pequenas ou como orbes de luz. Você pode não vê-los de jeito nenhum, mas experimentar emoções ou sensações quando está perto de uma árvore, de uma flor, um menir ou fenômeno com o qual o espírito esteja associado. Se as suas visualizações estão de acordo com outras, não tem importância. O que importa é que você escolha trabalhar com os espíritos, honrando-os como aliados em seu trabalho como bruxa natural para se sintonizar com o mundo natural e reequilibrar e harmonizar a vida.

Você pode encontrar espíritos da natureza em vários lugares e por meio de diversos métodos. O jeito mais simples é se conectar com o espírito de uma única planta, então pedir ao espírito que lhe ensine sobre os usos e as propriedades da planta. No livro *Plant Spirit Medicine* [Medicina dos espíritos das plantas], Eliot Cowan destaca que a energia que cada planta possui é muito particular. A informação ou o dom que o espírito da planta oferece a você é exatamente o que você necessita naquele momento. Esse dom não é necessariamente a energia que é associada à planta. Por exemplo, se você projeta sua consciência para uma roseira, a energia que você receberá de volta não será, via de regra, amor. O espírito da roseira pode perceber que você precisa de algo diferente e oferecê-lo a você. A chave para trabalhar com a natureza de espíritos como esses é estar aberta ao que eles te oferecem sem expectativas e ideias preconcebidas. As listas de correspondências associadas a determinadas plantas são úteis para ter uma noção geral de como usar a energia da planta, mas é muito mais útil se comunicar com o espírito da planta para adquirir sua compreensão ou interpretação da energia e como ela pode ser aplicada. A bruxa natural nunca presume que sabe de alguma coisa ou assume que está certa, ou parte do pressuposto de que algo vale o quanto pesa. É importante descobrir pela sua própria experiência e construir a própria opinião enquanto aprofunda seu conhecimento de um elemento, um processo ou uma situação. O capítulo 3 apresenta uma série de exercícios criados para ajudá-la a absorver informações e energias por meio dos seus sentidos, além de uma variedade de técnicas para interagir com a natureza e obter informações com os espíritos das plantas.

Como existem jeitos diferentes de trabalhar com a energia das plantas, cada bruxa natural desenvolverá seu método pessoal para absorver e aplicar essa energia. Usar a energia das plantas na prática medicinal do herbalismo talvez seja o método mais comum de usar a energia natural, mas a prática da homeopatia e o uso de florais de Bach também são formas populares de trabalhar com a energia de flores, plantas e árvores.

Harmonize-se com a natureza

Capítulo 3

Na bruxaria natural, uma das práticas mais importantes é restabelecer constantemente sua compreensão da natureza e de como ela está à sua volta. Manter contato com seu ambiente físico é crucial para uma prática individual significativa. Se você perder o contato com o seu ambiente, você perde algo que a conecta com a natureza ao seu redor.

A bruxaria natural sempre está relacionada ao agora, ao estado atual do nosso ambiente. Estar consciente do seu ambiente significa conhecer as energias que fluem através dele, as energias que ele produz, a saúde e o ritmo da vibração. Isso também significa ter consciência de como o estado de sua própria energia mental ou emocional se encaixa com seus arredores. Se você não estiver atenta à situação atual de seu entorno, então como poderá avaliar o tipo de trabalho que precisa realizar? Você pode pensar que conhece o seu ambiente, mas pode se surpreender quando parar e criar uma nova relação com ele. Uma das fundações mais básicas de viver o caminho natural é forjar uma conexão com a natureza e as forças naturais. É imprescindível que você estabeleça uma conexão com o que está realmente lá, não com o que você presume que esteja.

Conheça seu lugar no Universo

Se você vive em um ambiente urbano, então é para essa energia da cidade que você precisa se abrir com a intenção de se sintonizar com sua vizinhança e seu ambiente. É crucial interagir com seu ambiente natural como ele realmente é, não a natureza que você imagina ou idealiza. Os ambientes que você conhecia ontem ou no mês passado não são mais os ambientes que a cercam. Por isso, a bruxa natural também precisa estar atenta, e sempre ajustar o seu conhecimento.

Você pode pensar que conhece sua vizinhança, mas é bom tirar um tempo para vê-la de um jeito novo. Use todos os seus sentidos para explorar onde você mora. Pergunte-se:

- Como as estações mudam onde você mora? Quais mudanças você pode ver e sentir?
- Qual influência a lua tem sobre você? Em qual fase a lua está hoje?
- Quais plantas nativas são comuns na sua vizinhança? Nomeie pelo menos dez plantas locais.
- Dessas dez plantas, quais são originárias da sua região e quais foram trazidas? Quando elas foram importadas e por quem?
- Quais árvores estão entre as mais comuns encontradas em sua vizinhança? Mais uma vez, quais delas são originárias e quais foram plantadas deliberadamente? Quando e por quem?
- Qual fauna é nativa da sua região?
- A água que chega encanada na sua pia contém muitos ou poucos minerais?
- Que tipo de solo há na sua vizinhança? Ele é calcário, argiloso, arenoso ou de outro tipo? É ácido ou alcalino?

O que você não sabe pode te surpreender, ou também desapontá-la. Você pode saber o nome da rua que faz esquina com a sua ou qual o parque mais próximo, mas o que é fundamental e integral ao seu ambiente natural geralmente é desconhecido e pouco reconhecido.

Tire um tempo para aprender sobre sua vizinhança, e isso lhe dará uma base sólida para conhecer mais sobre como seu ambiente natural funciona.

Certifique-se de descobrir as respostas das perguntas anteriores. Escreva as respostas em seu diário da bruxa natural.

Caminhar pela sua vizinhança com a consciência aprimorada pode ensinar mais do que que você pensava saber. Pratique os exercícios a seguir, elaborados para ajudá-la a absorver o quanto puder e aproveitar ao máximo a experiência, ao mesmo tempo em que reúne informações.

Exercícios de interação

Quando a observação é feita com um intuito, você descobre mais sobre a sua região. Para este exercício, comece escolhendo uma pedra ou planta com a qual você tenha familiaridade. Aproxime-se dela como se fosse a primeira vez. Responda às perguntas abaixo. Escreva as respostas em seu diário da bruxa natural.

- Quais sensações essa planta ou pedra transmitem ao seu toque?
- Como é o cheiro dela?
- Como é a aparência dela?
- Quais sons ela faz?
- Como é o seu sabor? (Atenção! Tente captar o gosto pelo ar, nunca coloque uma planta não identificada na boca.)

Uma vez feito este exercício com algumas plantas e pedras com as quais você já está familiarizada, tente com uma que você nunca tenha experimentado. As anotações deste exercício servirão de base para o registro de bruxaria natural e se tornarão a essência de sua prática pessoal.

Experimente a energia do ambiente ao seu redor

Embora a bruxa natural use ervas por suas propriedades medicinais, as qualidades mágicas do mundo natural também são grandes amigas. Se você olhar para os usos tradicionalmente associados às várias ervas através do tempos, os benefícios medicinais em geral têm paralelos com os usos mágicos. É por causa disso, acrescentando combinações químicas que determinam seus efeitos quando aplicadas ao corpo físico, que uma erva também possui uma energia única que afeta as emoções e o espírito de uma pessoa.

Exercício: sentindo a energia

Pratique esse exercício com uma planta com a qual você tenha familiaridade, então tente com uma que você nunca viu nem lidou antes. Confie nas suas observações. Para este exercício, você precisará da planta, de seu diário da bruxa natural e de um lápis ou uma caneta.

1. Coloque a planta em sua mão. Se for uma planta seca ou colhida, segure um ramo na palma da mão ou coloque sua mão sobre ela com a palma para baixo. Se for uma planta viva que você identificou corretamente como segura para o contato, toque-a com seus dedos. Se você não for capaz de identificá-la, coloque sua mão acima ou ao lado da planta com a palma voltada para ela.

2. Feche os olhos e imagine a palma de sua mão brilhando. Concentre-se na sensação na palma. Ela pode formigar um pouco ou esquentar ou ficar um pouco mais fria. Isso significa que você está se concentrando na energia que sua palma cria naturalmente.

3. Visualize a planta brilhando.

4. Visualize o brilho da energia reunida na palma da sua mão se estendendo em direção à planta, fazendo contato com a energia reluzente que ela emana. Quando as duas energias

se encontrarem, pergunte-se o que você sente. Você percebe alguma emoção específica? As ideias flutuam pela sua cabeça? Pensamentos ou palpites vagos? Preste atenção. Este é um método para reunir observações a respeito da energia de uma planta sentindo-a a partir da sua própria energia.

5. Quando você sentir que observou o suficiente, envie sentimentos de gratidão para a planta pela cooperação, então visualize sua energia se separando da que a planta emana e se recolhendo novamente na palma de sua mão.

6. Abra os olhos e balance a mão com firmeza, como se estivesse tentando tirar o excesso de água dela. Isso ajudará na liberação de qualquer excesso de energia que esteja presente.

7. Escreva suas observações em seu diário da bruxa natural. Como foi essa experiência? Que tipo de percepção você fez enquanto sentia a energia da planta? A planta parecia enérgica, calmante, carinhosa? Escreva tudo que vier à cabeça e não se preocupe se faz sentido ou não.

Suas observações sobre a energia da planta são válidas porque são suas. Cada pessoa interage de modo diferente com a energia de uma planta. Se lavanda te energiza, então a energia da lavanda beneficia a sua prática, ainda que os livros digam que a lavanda pode projetar sentimentos de paz e tranquilidade. Adquirir conhecimentos de primeira mão é importante para a bruxa natural, pois isso molda e define sua prática, personalizando-a de formas que a tornam única.

Ponha os pés no chão

Quando você trabalha com energia, é importante se aterrar. Aterrar--se significa conectar sua energia pessoal com a da terra e permitir um reequilíbrio das suas energias quando essa conexão acontece. Se estiver nervosa ou exaltada, pode estar com energia demais fluindo pelo seu corpo. A terra é um bom lugar para descarregá-la. Se estiver letárgica ou tonta, pode estar sofrendo de falta de energia, e a terra tem muita para compartilhar com você. Quando você estiver aterrada, pode absorver a energia da terra para reabastecer seus níveis baixos de energia. Para se aterrar, siga os seguintes passos:

1. Respire fundo, lentamente, três vezes.
2. Tire um momento para perceber sua própria energia fluindo pelo seu corpo. Foque num ponto no centro do peito e visualize uma pequena luz verde brilhando ali. Este é seu centro de energia.
3. Agora visualize um ramo de energia verde crescendo deste centro de energia e descendo em direção à terra. Deixe-o alcançar e ultrapassar seus pés. Visualize-o crescendo na terra, se espalhando como raízes e se enroscando no solo. Reserve uns instantes para sentir o quão sólidas e estáveis são suas raízes na terra.
4. Agora que você formou uma conexão com a terra, você pode permitir que seu excesso de energia escoe e se misture com a da terra ou absorver um pouco da energia da terra para repor a energia da qual sente falta.

É bom aterrar-se quando você acorda de manhã, ou à noite como a última atividade do dia, antes de fazer qualquer trabalho energético, ou a cada vez que você se sentir um pouco fora de sintonia com o mundo ao seu redor.

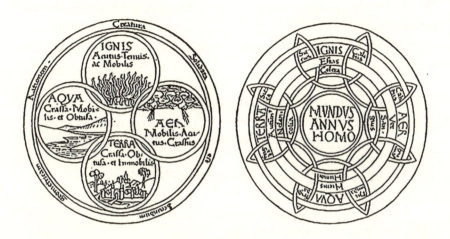

Trabalhe com os quatro elementos da natureza

Os quatro elementos formam os quatro pilares da compreensão que a bruxa natural tem do mundo ao seu redor. Eles representam a matéria-prima da natureza. O fluxo e a interação entre as quatro energias elementais básicas formam as fundações para a mudança, a transformação, o crescimento, a evolução e o desenvolvimento em nosso ambiente e em nossas vidas. Cada elemento tem uma energia muito específica. Tradicionalmente, eles têm as seguintes associações:

- **Terra**: estabilidade, abundância; receptivo e passivo
- **Ar**: comunicação, intelecto; projetor e ativo
- **Fogo**: paixão, criatividade; projetor e ativo
- **Água**: emoção, sensibilidade; receptivo e passivo

Embora essas associações tradicionais ajudem e sejam um atalho útil, como você percebe a energia de cada elemento influencia na sua prática pessoal e em como você interage com o mundo.

Exercício: percebendo os quatro elementos

Este exercício vai ajudá-la a construir uma relação pessoal com cada elemento.

Antes de começar, releia o exercício anterior sobre sentir a energia. Você precisará de:

Seu diário da bruxa natural e um lápis ou uma caneta

1 pires com terra (Nota: garanta que seja terra fértil, se tudo que você tiver for terra de vaso, use um pires com sal ou uma pedra ou um cristal)

1 leque (ou um pedaço pequeno de cartolina)

1 vela votiva num castiçal

fósforos ou um isqueiro

1 recipiente pequeno com água

1 toalha pequena

1. Comece sentando-se quieta numa mesa ou no chão com os instrumentos arrumados à sua frente. Respire fundo três vezes. Enquanto você expira, visualize todas as tensões abandonando o seu corpo.

2. Visualize as pontas dos dedos brilhando com o seu poder pessoal. Visualize a amostra da terra reluzindo com a energia do elemento.

3. Estenda seus dedos e coloque-os na terra (ou no sal, na pedra ou no cristal). Feche os olhos e permita que sua energia pessoal faça contato com essa energia.

4. Enquanto estiver conectada com a energia da terra, observe ao máximo como ela faz você se sentir.

5. Quando terminar, retire seus dedos e limpe-os, se necessário. Balance sua mão para dissipar o excesso de energia ou alguma sensação estranha. Abra seu diário e escreva todas as suas percepções. O que você observou em relação à energia da terra? Como se sentiu? No que ela te fez pensar?

6. Pegue o leque ou o pedaço de cartolina com uma das mãos e mantenha a outra com a palma aberta na direção dele. Visualize sua palma brilhando com sua energia pessoal. Feche os olhos e comece

a abanar o leque ou a cartolina, criando uma corrente de ar na direção da palma da outra mão. Permita que a energia da corrente de ar encontre sua mão e observe as sensações que você capta. Varie a velocidade da corrente de ar e observe se faz diferença nas suas percepções. Quando terminar, coloque o leque de lado e balance suas mãos para remover qualquer excesso de energia ou sensações estranhas. Escreva suas observações sobre a energia do elemento em seu diário.

7. Acenda a vela votiva. Mais uma vez visualize a palma da mão brilhando com energia. Visualize a chama da vela brilhando com a energia do fogo. Coloque sua mão ao lado da chama numa distância segura e confortável, e estenda sua energia em direção à do fogo. Quando terminar, apague a vela e balance a mão para dissipar o excesso de energia. Escreva suas impressões sobre a energia do elemento fogo em seu diário.

8. Coloque o recipiente com água à sua frente. Visualize as pontas dos dedos brilhando com sua energia pessoal e veja a água reluzindo com a energia do elemento água. Toque lentamente a superfície da água com a ponta dos dedos e permita que seu poder pessoal se envolva com a energia da água. Observe o que for possível sobre a energia da água. Quando terminar, retire os dedos e seque-os na toalha. Escreva suas impressões da energia do elemento água em seu diário.

Para uma experiência diferente, tente encontrar uma grande manifestação natural da energia de cada elemento para se relacionar. Interaja com a energia do sol do verão para ter uma experiência diferente com a energia do fogo. Fique de pé sob a chuva ou sobre a neve, ou perto de um rio caudaloso para ter percepções diferentes da energia da água. Enterre suas pernas e seus pés na areia ou tire os sapatos e mova seus dedos dos pés no solo fresco de um jardim recém-revirado para interagir com o elemento terra. Fique do lado de fora num dia de ventania e experimente o poder do ar. Registre suas experiências e observações em seu diário da bruxa natural.

Para se manter sintonizada com as energias básicas produzidas pelos elementos, faça este exercício pelo menos uma vez por ano. Para uma compreensão mais profunda dos ciclos de energia na sua região, interaja com os elementos em escala maior a cada estação. Fazer isso te ajudará a entender melhor como as energias locais interagem e como seus níveis e presenças fluem e refluem com o ciclo do ano.

Invocando os quatro elementos

Embora os quatro elementos estejam sempre presentes, você pode demonstrar seu reconhecimento em sua prática convidando formalmente um ou mais elementos para ajudá-la em seu trabalho de bruxa natural. Este convite formal é chamado *invocação do elemento*.

Invocar um elemento é um ato consciente que atrai a energia daquele elemento para o seu ambiente. A invocação pode ser feita se você quiser a ajuda ou energia de um elemento específico ou misturá-la com um trabalho que estiver fazendo. Por exemplo, se estiver criando um sachê de fertilidade em seu jardim vegetal, então pode invocar o elemento terra para que este esteja presente durante a feitura e direcione a energia elemental para reforçar a energia do sachê.

Em vez de posicionar seus símbolos elementais de acordo com as posições de costume, você pode criar uma conexão mais precisa com a sua própria localização geográfica. Onde fica a maior fonte de água da sua região? Para qual lado ficam as montanhas? Onde ficam os campos nos quais o vento corre sem nenhum obstáculo que o atrapalhe? Você pode tentar realocar as associações elementais em direções específicas. Isso também pode influenciar como você conduz sua prática pessoal.

Muitas bruxas naturais gostam de trabalhar com um símbolo de cada elemento por perto, honrando assim os elementos e criando uma atmosfera equilibrada para realizar o trabalho. Como aprendemos no capítulo 2, cada elemento é tradicionalmente associado a um ponto cardeal. Você pode equilibrar a energia de uma área introduzindo uma energia elemental que esteja faltando. Uma pequena coleção de símbolos dos quatro elementos ajuda a equilibrar as quatro energias. Também oferece à bruxa natural uma fonte de energias elementais que ela pode atrair em seu trabalho mágico, se estiver apta a captar essas forças. Esses símbolos podem ser simples como uma pequena vela para o fogo, uma pena para o ar (ou uma vareta de incenso que represente o fogo e o ar ao mesmo tempo), uma pedra ou uma planta verde para a terra, um pequeno copo d'água. Você pode colocá-los em suas direções tradicionais ou em qualquer posição que te faça sentir bem.

Você também pode ter símbolos dos quatro elementos em seu espaço de trabalho, onde realiza as tarefas de bruxa natural e invoca a presença dos quatro elementos. Se decidir invocar todos os elementos, terá uma concentração generosa de energia para direcionar enquanto realiza o seu trabalho, e que poderá ajudá-la em seu objetivo mágico.

Meditando sobre os elementos

Às vezes, reunir-se com outras bruxas naturais (ou wiccanas e outros neopagãos) para trocar ideias pode ajudá-la a criar um conjunto de novas associações entre as coisas. Relaxar e refletir sobre um único elemento de cada vez também pode render uma variedade surpreendente de imagens, pensamentos e correspondências pessoais. Se fizer isso, não se esqueça de ter seu diário da bruxa natural por perto para registrar as ideias conforme elas surgirem na sua cabeça.

Sente-se confortavelmente em seu cantinho da bruxa natural ou em outro espaço familiar e aconchegante. Escolha um elemento e comece a fazer associações livres. Entretanto, não faça com os quatro elementos de uma vez; pense neles separadamente.

Descubra e desenvolva os seus sentidos

Embora cada um interaja com o mundo ao seu redor de maneiras diferentes, todos nós adquirimos informações a partir dos nossos cinco sentidos.

Visão

A maioria das pessoas é extremamente visual. Em situações sociais de todo tipo, descobrimos pistas sobre outras pessoas. Observando suas roupas, sua linguagem corporal e sua aparência física, reunimos dicas de como se comportar de forma adequada. Ver de modo diferente também nos estimula de jeitos diferentes.

Aqui vão alguns exercícios para ajudar a desenvolver o modo como você usa o seu sentido da visão:

- **Sente-se de frente para uma janela, use-a como uma moldura para o que você verá através dela.** Examine tudo que está no interior da moldura, tire o tempo necessário para olhar para o que está diante de você. Se quiser, divida a janela em quadrantes e examine a vista, um quadrante de cada vez. Olhe as texturas, as cores, a luz e a sombra. Permita-se ver as coisas em seus detalhes, coisas que você olha de relance e absorve por uma fração de segundo.

- **Observe uma fotografia colorida de uma maçã, e então uma maçã de verdade.** O quanto elas são diferentes aos seus olhos? O quanto elas se parecem?

- **Coloque um objeto na mesa diante de você e olhe para ele atentamente.** Então pegue-o e segure-o na altura dos olhos e observe. Coloque-o no chão e olhe para ele. Mova-o para a esquerda, então para a direita. Como a posição do objeto muda o modo como você o vê?

Audição

O som é imensamente presente em nossas vidas. O tráfego (carros, aviões etc.), os sons do rádio e da televisão, o barulho e as conversas das pessoas nos cercam o tempo todo. Raramente nosso mundo é silencioso de verdade. O som do vento nas folhas de uma árvore ou das ondas na praia são aqueles que falam de ambientes muito específicos e evocam reações emocionais específicas. Ouvir nos ajuda a complementar o que nossa visão nos revela. Se o sentido da audição nos for tirado, nos sentiremos perdidos, mas a verdade é que se estivermos em um local que seja quieto demais, podemos nos sentir desconfortáveis.

Aqui vão exercícios para te ajudar a aprimorar sua audição:

- **Sente-se em um lugar familiar de sua casa e feche os olhos.** Ouça com atenção os sons da sua casa. O que você escuta? Quantos sons diferentes você ouve? De onde eles vêm? Você consegue identificá-los? (Não tente este exercício antes de ir para cama, ou você descobrirá que sua sintonia com pequenos barulhos faz com que seja distraída pelos sons a noite toda.)

- **Sente-se num local público, como um shopping ou um restaurante, e realize este exercício novamente.** Faça isso com uma amiga ao seu lado, assim você pode relaxar e não se preocupar com o que está acontecendo ao seu redor. Como esses sons são diferentes? Como a forma como você escuta em casa é diferente de como você escuta em um lugar público?

- **Sente-se em espaços abertos e faça o exercício.** Você acha mais difícil identificar os sons em ambiente abertos? De onde eles vêm? Você escuta mais ou menos sons do que em ambientes fechados?

Tato

Crianças estão sempre tocando tudo que encontram. No entanto, conforme crescemos, aprendemos que não é socialmente aceitável colocar a mão no que vemos. Nossa preocupação com o espaço também nos separa. A sensação do toque pode ser dividida em tipos específicos, que estão sob o sentido do tato: a percepção da dor, da temperatura, da pressão, de balanço e equilíbrio, de consciência corporal e de localização.

Experimente fazer estes exercícios para explorar seu tato. Se possível, faça-os de olhos fechados, assim você não usará a visão para influenciar outro sentido.

- **Junte uma pena, uma tigela pequena com sal, um cubo de gelo num copo ou num pote pequeno, uma fita de cetim e coloque-os na mesa diante de você.** Um por um, explore cada item com o tato. Passe o maior tempo possível explorando a sensação de cada um. Não tente analisar as sensações: apenas atente-se e as aceite, aproveitando a informação sensorial. Pegue-os, passe seus dedos por eles, sinta-os com a palma da mão, com as costas da mão. Passe-os pelo antebraço ou pelo rosto. Segure-os com as duas mãos e sinta o peso e a forma. Como é a sensação? Como é quando você movimenta a sua mão enquanto os segura?

- **Encontre um lugar com sol.** Exponha sua mão ao sol e sinta o calor. Traga a mão de volta para a sombra e sinta a ausência do calor.

- **Coloque uma tigela com água quente e uma com água fria na mesa diante de você.** (Tenha certeza de que a água não esteja escaldante.) Mergulhe os dedos na água quente, deixe-os imersos por alguns minutos, então retire-os e mergulhe-os na tigela de água fria. Qual a sensação do contraste de temperatura? Depois de deixar seus dedos na água fria por um minuto, coloque-os de volta na água quente. O calor parece diferente agora?

Paladar

Nosso paladar geralmente está mergulhado em excessos. Fast-food e comidas enlatadas rebaixaram nossos padrões de paladar a tal ponto que, se provarmos uma cenoura recém-colhida da terra, nossas papilas gustativas são estimuladas em excesso e perdemos a complexidade do sabor. Essa sensação é ainda mais comum ao morder uma maçã fresca. Sabores ácidos surpreendem nossas papilas e produtos importados de outras regiões viajam por dias e perdem a intensidade do sabor. Nós ficamos acostumadas com sabores insossos, de químicos.

Para relembrar suas papilas gustativas de gostos únicos, faça o seguinte exercício:

- **Lave e seque as suas mãos.** Na mesa, coloque uma tigela pequena com sal, uma tigela pequena com açúcar, um pote pequeno com uma erva como alecrim (de preferência fresco, mas seco também serve), uma metade de laranja, uma fatia de limão, um copo d'água e uma fatia de pão puro. Sente-se e coloque as pontas dos dedos no sal, então ponha-os na língua. Permita que o sabor do sal se espalhe por ela. Como é a sensação? Você consegue descrever o sabor sem usar a palavra "salgado"? Limpe seu paladar tomando um gole de água e mastigando um pedaço de pão. Repita o exercício com o açúcar, então limpe o paladar novamente. Continue com todos os alimentos, dando um tempo para permitir que cada sabor penetre em suas papilas gustativas. Imagine que você está provando cada alimento pela primeira vez.

- **Repita o exercício anterior quando você der a primeira mordida na sua próxima refeição.** Experimente cada item no seu prato lenta e cuidadosamente, e imagine que você os esteja provando pela primeira vez. Este também é um exercício maravilhoso para fazer com alimentos sazonais como frutas locais que acabaram de ser colhidas. Morangos cultivados localmente e colhidos na época certa, por exemplo, têm um sabor muito especial que não pode ser replicado por frutas cultivadas em estufas, fora da estação.

Olfato

Nós subestimamos o poder do nosso olfato. O olfato é um sentido delicado que capta em minutos mudanças de correntes de ar e, geralmente, é sobrecarregado nas cidades por causa dos carros, da poeira e do lixo, de perfumes e sabonetes perfumados, e os eflúvios de milhares de pessoas vivendo próximas. Em contrapartida, quando viajamos para outras regiões, como o campo ou o litoral, podemos nos surpreender com os odores de lá por não estarmos acostumadas com eles ou porque eles não estão diluídos nem mascarados por outros aromas.

Experimente estes exercícios para aprofundar sua percepção olfativa:

- **Sente-se num lugar familiar de sua casa e feche os olhos.** Respire num ritmo uniforme. Ao inspirar, perceba quais odores você está sentindo. Qual é o cheiro geral de sua casa? Você poderia ir além e identificar cheiros individuais que constituem o cheiro geral?

- **Repita este exercício num espaço público, com uma amiga junto para ficar de olho no que acontece ao seu redor.** Quando fecha os olhos, como identificaria sua localização apenas pelo cheiro? Você consegue identificar aromas mais discretos?

- **Repita este exercício em ambientes abertos.** Você considera mais fácil ou mais difícil identificar aromas individuais em ambientes abertos?

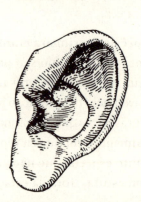  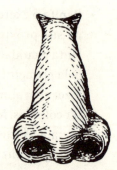

O sexto sentido

Juntamente com os cinco sentidos físicos básicos, existem outros métodos que você pode usar para reunir informações. Este é o que as pessoas chamam de sexto sentido. Seu sexto sentido te diz quando há alguém atrás de você e, embora você não possa usar seus cinco sentidos físicos para confirmar isso, você pode sentir. A bruxa natural sabe e entende que esse sentido nem sempre pode ser explicado. Ela também reconhece sua existência e aceita as informações recebidas via sexto sentido. Existem várias explicações de como o sexto sentido funciona. Alguns dizem que é seu campo de energia pessoal (às vezes chamado de aura) captando campos de energia de outras coisas, e informações são transmitidas entre eles.

Vivendo no ambiente urbano, as pessoas tendem a perder a sensibilidade para visões, cheiros e sons em seus ambientes diários. Contudo, uma bruxa natural jamais deveria se deixar dessensibilizar, pois isso significa perder mudanças instantâneas na energia, mudanças que podem sinalizar algum tipo de problema. O antigo ditado "Quanto mais conhecemos alguém, menos gostamos dele" também pode ser aplicado aqui. Cultivar seu sexto sentido pode ajudar a evitar a armadilha da dessensibilização, pois possibilita um meio alternativo para que a informação venha até você.

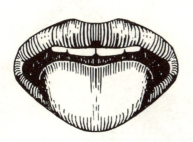 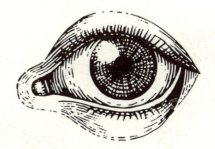

Manifeste o poder das estações

Capítulo 4

A consciência do ritmo natural dos solstícios e equinócios, e como eles se refletem em nossa localização geográfica, formam o eixo da prática da bruxa natural. O ano solar é formado por quatro estações distintas, cada uma com ressonâncias para a bruxa natural. Essas quatro estações podem fornecer a base para a prática pessoal e a criação de uma tradição única específica para você como bruxa natural em particular.

As quatro estações também permitem que você reconheça formalmente o fluxo de energia sazonal e honre-o. Reserve algum tempo no primeiro dia, ou numa data próxima, de cada estação para meditar a respeito das mudanças que você está sentindo no ambiente. Medite sobre a parte do ciclo da vida que a estação representa. Este capítulo apresentará sugestões de meditações para solstícios e equinócios. Elas seguem as associações simbólicas de cada estação.

É importante sentir a elevação e a queda, o fluxo e refluxo, os diferentes "sabores" das energias das estações. Essa é a chave para harmonizar seu ser com a natureza. A natureza tem ritmos; você tem ritmos. Harmonizar significa aproximar seus ritmos pessoais com os da natureza. Isso aumenta suas interações com a natureza, assim você pode se comunicar mais claramente com ela. Observe e registre os ritmos do clima onde você vive com regularidade. O clima tem uma grande influência sobre o seu ambiente e sua energia pessoal.

Os ciclos sazonais e a energia

Pouco importa onde você mora, os ciclos do clima formam um padrão reconhecível sobre o calendário de um ano. A vegetação cresce e se retrai em um padrão ao longo de doze meses. A fauna segue determinados padrões de comportamento. Conforme o ângulo da Terra e a distância do sol mudam, os ciclos sazonais encarnam o relacionamento básico entre a luz e a escuridão. O conceito de escuridão é necessário no ciclo natural: sem a escuridão não há período de pousio no qual a terra recupera suas forças, as sementes não germinam, os animais não terão seus filhotes.

Quando observamos as quatro estações, podemos categorizar as mudanças climáticas e as respostas ambientais que acontecem ao longo de um ano. Quando observamos um determinado acontecimento no mundo natural, por exemplo, podemos dizer "Ah, agora é primavera". Esse evento pode ser diferente para o seu vizinho, para alguém em outro fuso horário ou para alguém no hemisfério oposto ao seu. Nós todos temos nossas associações pessoais com acontecimentos que nos fazem perceber em qual época do ano estamos. Essas associações são parte de nossa conexão pessoal com o mundo natural ao nosso redor.

Na América do Norte e na Europa, as quatro estações começam em dias específicos e em horários definidos. As mudanças climáticas são criadas pela órbita da Terra ao redor do sol. Conforme a Terra se move ao redor do sol, sua superfície é mais ou menos exposta aos raios solares. Isso é provocado pelo ângulo de inclinação do eixo do planeta. A quantidade de luz solar desencadeia respostas comportamentais nas plantas e nos animais, inclusive os humanos.

Em culturas antigas, as estações geralmente eram nomeadas de acordo com o fenômeno natural da localização geográfica que comumente era calculada por meio do movimento das estrelas e dos planetas, ou de acontecimentos como enchentes e o movimento dos rebanhos. Hoje em dia, em algumas regiões, as estações são classificadas pela temperatura (a estação quente, a estação fria) ou por eventos meteorológicos (a estação chuvosa, a estação seca).

Na América do Norte, embora as estações sejam determinadas pela posição astronômica do sol e da Terra, meteorologicamente as datas aproximadas 21 de março, 21 de junho, 21 de setembro e 21 de dezembro são usadas para marcar o começo da primavera, verão, outono e inverno. Se uma outra data desses meses fizer mais sentido para você onde você mora e corresponde a como as diferenças sazonais se manifestam no seu ambiente, por que não as usar? Viver como uma bruxa natural é estar em sintonia com o seu entorno. Acatar uma data apenas porque é uma data padrão nem sempre faz sentido quando se trata de celebrar a mudança das estações. Se a primavera chegar antes ou depois de 21 de março na sua região, e isso se refletir nas plantas, no reino animal e no seu espírito, então, sem dúvidas, celebre o início da primavera num dia diferente. A primavera não precisa chegar todo ano na mesma data. Talvez um ano você sinta que a primavera chegou dia 2 de abril, no ano seguinte você percebeu que ele já chegou em 12 de março. Confie nos seus instintos. Eles estão respondendo a energias fluindo no seu entorno.

Como a bruxa natural vive uma vida pragmática, as quatro estações oferecem oportunidades espirituais e práticas para aprender mais sobre a natureza e a viver em harmonia com ela. O começo das quatro estações são pontos específicos para fazer uma pausa e avaliar sua vida. Isso não é apenas útil para a avaliação espiritual, mas também para propósitos práticos, como retirar as plantas mortas do jardim, podar as árvores, recolher as últimas colheitas, lavar as janelas, limpar a garagem e fazer uma faxina geral.

O verdadeiro sentimento da estação pode chegar antes ou depois do que o calendário indica. Cabe a você, bruxa natural, observar, confiar e decidir celebrar quando sente que a estação de fato começou. Lembre-se de que a chave para desenvolver sua prática pessoal é forjar sua conexão com o fluxo de energia do ano conforme ele é influenciado pelo clima onde você vive. Se você mora ao sul do Equador, lembre-se de que os equinócios e solstícios são invertidos, e use as meditações adequadas para a sua estação.

Marés do ano

As marés sazonais ecoam os ciclos naturais da vida interior da bruxa natural.

1. Equinócio da primavera até o solstício de verão: maré crescente
2. Solstício de verão até o equinócio do outono: maré da colheita
3. Equinócio do outono até o solstício de inverno: maré de descanso
4. Solstício de inverno a até o equinócio da primavera: maré de purificação

Essas quatro marés podem ser vistas como estágios da sua vida. O ciclo da natureza é refletido em seus relacionamentos e carreiras e no que você aprende conforme amadurece. Você pode imaginá-las como uma espiral. As energias das marés sazonais dão à bruxa natural oportunidades de olhar para dentro de si e ver ali toda a natureza refletida em miniatura.

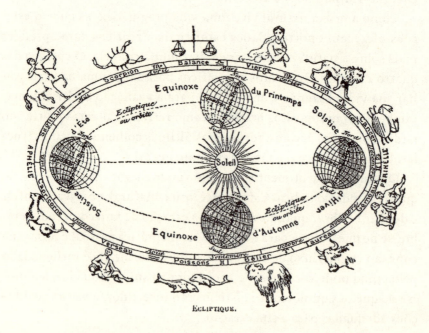

Celebrando solstícios e equinócios

Em sua prática pessoal, é preferível que você observe como se sente por um ano e então basear seus festivais pessoais nessas observações em vez de consultar um livro. Descobrir o que é o equinócio do outono, ler que ele é associado a colheitas e conclusões e celebrá-lo de acordo: e se você pensar no outono como um começo? Celebrar associações antigas pode ser positivo, uma vez que alimenta um senso de unidade com nossos ancestrais e com a Terra, mas isso também pode ser contraintuitivo se não coincidir com as energias de sua localização geográfica. Uma bruxa natural busca honrar as energias com as quais ela tenta se sintonizar.

A bruxaria natural tem a ver com pôr a mão na massa, nutrir e desenvolver nossa relação com o mundo natural ao nosso redor. A bruxa natural faz suas próprias ferramentas, cultiva e colhe suas ervas. Ao interagir diretamente com a sequência natural das estações, você cria uma prática mais abrangente. Ao entender como o ano muda constantemente, você ganha um entendimento mais profundo de como a vida balança, desvenda e ondula a sua teia.

Então como você celebra um solstício ou um equinócio? Não existe jeito certo ou errado. Não existem tradições formais que devem ser marcadas, nenhum ritual que deve ser realizado. Cada bruxa natural cria sua própria tradição, sua própria expressão das estações e de como elas mudam. Essa expressão única vai refletir como cada estação afeta seu espírito, seu coração e seu corpo.

A forma mais básica de celebrar solstícios e equinócios envolve se permitir interagir com o ambiente natural ao seu redor. Passe o dia ao ar livre, saia para uma caminhada pela sua vizinhança e veja como as coisas estão mudando. Junte as plantas da estação e decore a sua casa. Algumas bruxas naturais acreditam que as recompensas da natureza deveriam ser deixadas do lado de fora e apreciadas em seus lugares, em vez de serem colhidas para algo menor como uma decoração; outras defendem usar flores e verduras de acordo com a época, sempre de forma sensata, harmoniosa e responsável.

Meditações para cada estação

Meditar a cada mudança de estação é a forma mais direta de experimentar a energia do mundo natural e escrever sua resposta individual para o vaivém ao longo do ano. Use as seguintes meditações sazonais para definir as bases de suas meditações. Variações apropriadas das estações são oferecidas (como as listadas na seção de cada estação). Usar uma meditação consistente com pequenas variações permite que você perceba facilmente as diferenças mínimas que se revelam com a meditação e que, do contrário, você poderia ignorar se seguisse uma sequência diferente a cada vez.

Base da meditação sazonal

O ideal é que esta meditação seja feita num ambiente externo: em seu jardim, num ponto seguro e discreto de um parque público, até mesmo na sua varanda ou no seu quintal. Se você tiver acesso a florestas e campos, esses também são lugares ideais nos quais encontrar e se alinhar com a energia da primavera. Se escolher meditar num espaço público, tenha certeza de que se sente segura o suficiente para se permitir a liberdade de meditar. Se estiver preocupada com a interferência de outras coisas, vá a outro lugar ou medite em casa.

1. Posicione-se confortavelmente e feche os olhos. Visualize uma neblina verde se elevando do chão e se irradiando de todas as coisas que crescem ao seu redor.

2. Respire profundamente três vezes, visualize que essa neblina de energia verdejante flui para os seus pulmões e se espalha pelo seu corpo, trazendo com ela um sentimento de conforto e relaxamento, de integração com o seu ambiente. Conforme expira, libere qualquer tensão, estresse, preocupação que você possa estar sentindo.

3. Permita que sua energia pessoal se expanda suavemente e se misture com a energia verde natural ao seu redor. Direcione sua consciência para o solo. Permita que ela se infiltre na terra,

lenta e gentilmente. Não force sua energia, mas deixe que ela penetre e seja peneirada entre as partículas da terra. Quando se sentir confortável, pare e sinta a energia do solo ao seu redor te envolvendo, te aninhando.

4. *Insira a visualização apropriada para cada estação aqui.*

5. Quando sentir que é o momento de voltar à sua consciência normal, ofereça à terra que envolve sua percepção um pequeno presente em gratidão (emoção é energia, no fim das contas), então permita que sua consciência lentamente se erga através do solo e retorne ao seu corpo físico. Depois de passar um tempo com a terra dessa forma, você se sentirá tão relaxada que será natural que você se mova lentamente. Espere o tempo necessário para retornar. Evite se levantar rapidamente, ou você pode se sentir desorientada, e sua energia pessoal ficará desequilibrada.

6. Quando sua consciência tiver retornado, aterre-se (veja como no capítulo 3) e respire profundamente três vezes.

7. Abra os olhos e mexa seus braços e suas pernas devagar para aquecê-los e para reafirmar sua forma física. Levante-se lentamente e faça alguns alongamentos suaves para soltar sua musculatura.

Escreva um resumo dessa experiência em seu diário da bruxa natural. Como você se sente interagindo com a terra na estação atual? Você aprendeu algo novo? Aprendeu algo sobre sua localização geográfica? Teve algum insight com essa experiência? Escreva seus pensamentos e suas questões, qualquer visão que você teve ou novas compreensões às quais tenha chegado. Tome notas de como você se sente com o início dessa estação, quais sensações a energia do local que você escolheu transmitiu. Lembre-se de registrar o clima também.

Nos próximos anos, você pode fazer notas de leitura em seu diário da bruxa natural a cada celebração de início de estação. Compare como você se sente agora e como se sentia em relação aos anos anteriores. Quais são as similaridades? Quais são as diferenças?

O equinócio da primavera

O movimento das estações é um ciclo sem fim. Embora, na realidade, não exista um lugar onde possamos apontar com firmeza o início de um ciclo sazonal, a primavera costuma ser vista como a primeira estação da sequência. Isso vem do fato de que os calendários de antigamente começavam o ano na primavera. A primavera também é tradicional-mente associada com novos inícios, semeadura, infância e a novidades em geral. A primavera é um período de potencial, época de plantar e planejar, época de desejar o que você quer que o futuro traga. O equinócio da primavera pode ser comparado ao amanhecer. Uma luz nova nasce, toca a paisagem com um brilho gentil e a vida emerge com possibilidades maravilhosas esperando para se tornarem realidade.

O equinócio da primavera acontece em um momento em que o dia e a noite têm a mesma duração pela primeira vez desde o solstício de inverno. Desse momento em diante o sol estará no céu por mais alguns minutos todos os dias, e as noites se tornarão mais curtas.

Meditação da primavera

Faça essa meditação no dia ou perto do equinócio da primavera. Se o dia oficial do equinócio não funcionar para você, tente por volta da época do ano em que houver muitas novidades brotando no ambiente natural onde você vive.

Comece com os passos explicados no guia da meditação sazonal.

Assim que tiver encontrado um lugar de conforto na profundidade da terra, inspire essa energia e sinta-a preencher seu corpo. Sinta a energia do solo nessa época de equinócio da primavera. Sinta o potencial que vibra na terra. Alcance e sinta os primeiros movimentos das raízes e sementes se curvando em segurança, absorvendo a energia do solo e usando-a para nutrir sua força vital, fortalecendo-as enquanto dormem. Sinta o lento despertar dessas raízes e sementes e pense no potencial que elas carregam, e a vida abundante que, em breve, elas exibirão.

Continue aninhada na energia da terra o quanto quiser, aproveitando a sensação de possibilidade e dos primeiros movimentos da vida.

Termine a meditação como indicado no guia da meditação sazonal.

O solstício de verão

O solstício de verão, ou alto verão, marca o momento em que o sol está mais próximo da Terra. É o dia em que o sol passa mais horas acima do horizonte. Tradicionalmente, esse dia é associado à expansão e à grande energia. O solstício de verão marca o começo dessa estação, um período que, no mundo ocupado de hoje, associamos com a diversão e o relaxamento das férias. Inversamente, ele também é associado ao trabalho duro, pois no ciclo da agricultura os campos precisam ser cuidados. Plantações continuam a amadurecer lenta e fortemente e podem sair do controle com facilidade.

Meditação do verão

Faça essa meditação no dia ou perto do solstício de verão, ou quando você sentir a chegada do verão onde você mora. Se isso não funcionar para você, tente fazê-la em outra época do ano, quando as coisas estiverem num momento de crescimento e expansão.

Comece a meditação como indicado no roteiro da meditação sazonal.

No momento em que encontrar um lugar de conforto na profundidade da terra, inspire essa energia e sinta-a preencher seu corpo.

Sinta a energia no solo nessa época de solstício. Sinta a energia de nutrição e crescimento que vibra na terra. Sinta a expansão, a palpitação da vida enquanto ela flui pelas raízes e caules. Explore o sistema interativo de minerais, nutrientes, água e matéria orgânica fértil que alimentam a nova geração de vida vegetal. Sinta o sentimento de vitalidade, a expansão do crescimento, de se estender para cima e desabrochar, o fluxo de criação apaixonada e alegre que pulsa através da terra.

Mantenha-se aninhada na energia da terra pelo tempo que quiser, aproveitando o sentimento de vitalidade e de vida fértil ao seu redor.

Termine a meditação como indicado no roteiro da meditação sazonal.

O equinócio do outono

Como no equinócio da primavera, o dia e a noite têm a mesma duração no momento do equinócio do outono. Desde o solstício de verão, os minutos da luz do dia diminuíram aos poucos e os da noite aumentaram.

O outono é tradicionalmente associado com a colheita e com o agradecimento pelas recompensas da terra, que tem sido cuidada desde antes de as plantas começarem a crescer. O outono também incorpora temas como o sacrifício, a perda e um arrependimento suave, pois os dias preciosos do verão se foram e o inverno se aproxima. O outono é um momento de pesagem. O que é necessário manter? O que pode ser abandonado quando o ciclo chegar num tempo de escassez?

Meditação do outono

Faça essa meditação no dia ou perto do equinócio do outono, ou quando você sentir que o outono chegou onde você mora. Se isso não funcionar para você, tente fazê-la em outra época do ano, quando as coisas estiverem no meio de um período de realizações e colheita e se aproximando do fim de seu ciclo.

Comece a meditação como indicado no roteiro da meditação sazonal.

Assim que tiver alcançado um lugar confortável na profundidade da terra, inspire essa energia e sinta-a preenchendo seu corpo.

Sinta a energia do solo nessa época de equinócio do outono. Sinta a energia da completude e o contentamento que vibram na terra. Alcance e sinta a plenitude, o sentimento de realização enquanto ela flui através das raízes e caules. Explore o movimento mais lento e suave da energia por meio do solo e das raízes das plantas conforme o ciclo de produção de frutas e sementes termina na superfície da terra.

Contemple os sentimentos de contentamento com a vida, de prazer e de satisfação, de apreciação e oferta que pulsam através da terra.

Mantenha-se aninhada na energia da terra pelo tempo que quiser, aproveitando o sentimento de plenitude e serenidade ao seu redor.

Termine a meditação como indicado no roteiro da meditação sazonal.

O solstício de inverno

O solstício de inverno é o dia mais curto do ano, quando o sol se encontra no ponto mais baixo em relação à Terra. Embora as horas da noite tenham superado as do dia, a partir desse momento, o sol volta a recuperar o tempo perdido.

No ciclo da vida, o inverno é tradicionalmente associado à morte aparente, que é necessária para permitir o renascimento ligado à primavera. Sem a morte, a nova vida não seria possível.

Meditação de inverno

Faça essa meditação no dia ou perto do solstício de inverno, ou quando você sentir que o inverno chegou onde você mora. Se isso não funcionar para você, tente fazê-la em outra época do ano, quando as coisas estiverem no meio de um período de descanso, morte aparente e suspensão do movimento.

Comece a meditação como indicado no roteiro da meditação sazonal.

Assim que tiver alcançado um lugar confortável dentro da terra, respire essa energia e sinta-a preencher o seu corpo.

Sinta a energia do solo nesse momento do solstício de inverno. Sinta a energia de quietude e imobilidade que permeia a terra. Alcance e sinta a escuridão, a sensação de lentidão que flui através das raízes e caules. Explore o movimento quase imperceptível da energia através do solo e das raízes enquanto o mundo inteiro dorme lá em cima. Perceba os sentimentos de relaxamento, de incubação, de sonhos, e respire o que pode vir a ser o que escorre pela terra.

Mantenha-se aninhada pela energia da terra pelo tempo que quiser, aproveitando os sentimentos de imobilidade e sono ao seu redor.

Termine a meditação como indicado no roteiro da meditação sazonal.

Realizando rituais sazonais

Meditações são um método para interagir com a energia da estação, rituais são outro. Como a bruxaria natural é informal, usar a prática neopagã de criar um ritual circular para realizar o rito fora do mundo mundano é uma decisão da bruxa natural. Nas tradições ocultas, o círculo representa a proteção contra as forças negativas que poderiam interferir no seu trabalho. Contudo, na prática da bruxa natural, não precisamos de proteção, pois tudo é parte da natureza. Em vez disso, quem decidir usar um círculo pode fazê-lo para criar uma área de pureza em que possa trabalhar, um lugar sagrado reservado para o ritual. Se você escolher delimitar uma área ritual desse modo, pode apenas caminhar pelo perímetro de seu espaço com a intenção em mente. Ação formal, visualização ou palavras são desnecessárias.

Ritual do ovo no equinócio da primavera para dar boas-vindas à energia criativa em sua vida

Este ritual foi elaborado para captar um pouco da energia forte e abundante da natureza durante a primavera e direcioná-la para uma área de sua vida em que você possa usar um fluxo de energia criativa e produtiva.

Esse feitiço apela à donzela da primavera e ao jovem sol por suas bênçãos e energia; usei essas duas figuras simbólicas deliberadamente para que você possa visualizá-las como desejar. Como a bruxaria natural não idolatra divindades específicas, você está livre para invocar a energia de deuses que considerar adequados com a religião de sua escolha. Neste e em outros rituais, se desejar apelar para uma divindade que idolatra com regularidade, então substitua os deuses e as deusas sugeridos.

Antes de começar este feitiço, pinte o ovo cru de acordo com suas associações pessoais de cor. Por exemplo, se uma área da sua vida que precise de energia for relacionada à sua carreira, você pode pintar o ovo de marrom ou laranja; se estiver relacionada ao romance, você pode pintá-lo de vermelho ou rosa.

Realize este ritual em seu altar doméstico ou em qualquer lugar onde se sinta confortável. Você precisará de:

Fósforos ou um isqueiro
1 vela verde-clara
1 ovo cru, colorido de acordo com a sua preferência
Caneta
1 pedaço pequeno de papel
1 prato resistente ao calor

Siga então os passos:

1. Crie um espaço sagrado como preferir.

2. Acenda a vela e segure o ovo cru entre suas mãos. Diga: *Deusa donzela da primavera, da luz e da vida. Jovem deus do sol, exuberante e alegre: abençoem este ovo e encham-no com o poder da primavera, da vida, da fertilidade e da energia criativa. Que minha vida seja energizada!*

3. Coloque o ovo ao lado da vela.

4. Usando a caneta, escreva no papel a situação ou área da sua vida para a qual gostaria de direcionar a energia criativa da primavera. Quando você tiver terminado de escrever, segure o papel com as duas mãos e transmita a ele sua necessidade.

5. Coloque com cuidado a ponta do papel na chama da vela até que pegue fogo. Coloque-o no prato e permita que ele queime até virar cinzas.

6. Permita que a vela queime completamente, deixe o ovo ao lado dela enquanto isso.

7. Quando a vela apagar, pegue o ovo e as cinzas no prato, leve-os para fora e cave um buraco na terra. Coloque o ovo no buraco e salpique as cinzas do papel sobre ele. Cubra-o com a terra, com reverência. As energias do ovo e da terra se infiltrarão lentamente na situação de sua vida que você pediu que fosse energizada.

Ritual da bênção do jardim para o verão

Fazer uma guirlanda de flores é um jeito maravilhoso de combinar diversão, trabalho e criatividade. Beneficie-se da energia abundante de expansão e crescimento que se manifesta no verão para abençoar seu jardim com este ritual. Antes de começar, escolha um ponto do seu jardim que sirva como um lugar de oferenda. Reúna as folhas e flores que usará do seu jardim ou da natureza (lembrando de colher com responsabilidade); não compre de floristas. Se desejar, use as mãos em vez de um cajado ou uma varinha. Você vai precisar de:

> Varinha ou cajado
> Cajado bifurcado (veja no capítulo 2)
> 12 flores (à sua escolha, flores silvestres e ervas comuns são suficientes, mas tenha certeza de que os caules tenham no mínimo 10 cm de comprimento e não escolha nenhuma planta com folhas tóxicas)
> 12 folhas (à sua escolha, as maiores possíveis, com caules firmes)
> Faca ou tesoura (opcional)
> Jarro, tigela, copo ou regador cheio d'água

Siga então os passos:

1. Com a varinha ou o cajado na mão, circule ou caminhe pelo seu jardim. Segure a varinha ou o cajado na sua frente, com a ponta próxima do chão. Visualize a energia da vida emergir do solo através das plantas para nutrir os caules, as flores e os frutos.

2. Circule ou caminhe pelo jardim uma segunda vez, ainda segurando a varinha ou o cajado, mas desta vez erga-a mais alto para que a outra extremidade se eleve em direção ao céu. Visualize a energia do sol e da chuva nutrindo as plantas do alto.

3. Circule ou caminhe pelo jardim uma terceira e última vez, agora segurando a varinha ou o cajado horizontalmente. Visualize a energia de cada planta crescendo e se expandindo para se juntar às outras plantas ao redor dela, compondo a totalidade do seu jardim.

4. Coloque a varinha ou o cajado diante do lugar escolhido para fazer a oferenda. Pegue o cajado com garfo na ponta, insira a extremidade contrária ao garfo na terra com firmeza para que a ponta afiada fique estável e apontando para cima.

5. Sente-se ou se ajoelhe diante do cajado com garfo na ponta e pegue uma das flores. Retire todas as folhagens e brotos ao longo do caule, e corte-o com cerca de mais ou menos 15 cm de comprimento. Com suas unhas (ou a faca ou a tesoura, o que preferir), faça uma pequena incisão no caule a mais ou menos de 2,5 a 5 cm abaixo das pétalas. Não faça um corte muito extenso: 1,5 cm deve ser o suficiente. Faça o mesmo com as outras onze flores.

6. Segure a primeira flor bem abaixo das pétalas. Pegue uma segunda flor e, com cuidado, insira o final de seu caule no corte feito na primeira flor. Empurre com cautela o caule da segunda flor pela fenda até que todo o caule tenha passado pelo corte.

7. Pegue uma terceira flor e insira seu caule pela incisão na segunda flor. Repita até que todas as doze flores estejam ligadas numa corrente.

8. Pendure a guirlanda de flores no cajado com garfo na ponta, deixando os ramos penderem para os lados, assim o meio da corrente fará uma curva gentil. Se ela não estiver longa o suficiente, apenas deixe-a pender no cajado com garfo na ponta.

9. Em cada uma das folhas, faça uma pequena incisão no caule.

10. Pegue uma folha e segure-a. Pegue uma segunda folha e insira o final de seu caule no corte feito na primeira folha. Empurre com cautela o caule da segunda flor pela fenda até que ele tenha passado por inteiro através do corte. Continue com as folhas restantes até ter outra corrente.

11. Acomode a guirlanda de folhas no cajado, deixando cada ponta sobre um dos ramos, assim ela se acomodará junto da corrente de flores. Se a corrente de folhas não for longa o suficiente, apenas pendure-a no garfo ou ajeite-a gentilmente ao redor da corrente de flores.

12. Coloque as duas mãos nas correntes e diga:

    Poderes do Vento e da Terra,
    Poderes do Sol e da Chuva:
    Pela árvore, pela flor, pela folha,
    Com minhas mãos e meu coração,
    Abençoo este jardim com vida e amor.

13. Pegue a jarra ou a tigela com água e caminhe pelo seu jardim salpicando água por ele. Deixe sobrar alguma água no recipiente. Volte ao cajado e derrame a água restante na base onde ele está fixado no chão e diga: *Eu agradeço à terra por suas dádivas, sua proteção e seu apoio. Abençoada seja a terra e todos os que caminham sobre ela.*

14. Se você quiser, pode se sentar perto do cajado e meditar por um momento ou apenas aprecie estar no seu jardim. Você também pode retirar ervas daninhas, adubar a terra, remover algumas plantas ou atender a qualquer outra necessidade do jardim. Deixe as correntes no cajado por pelo menos um dia (ou por quanto tempo você sentir que é certo deixá-las ali). Remova-as, e quando estiverem murchas, não as jogue fora, coloque-as no seu material de compostagem.

Ritual de colheita do equinócio do outono

Este ritual honra a produção da terra e permite que você participe da energia da estação ao realizar a ação essencial da colheita. Você pode colher algo do seu jardim ou da natureza. Se você tiver muito para colher, separe o primeiro ou o último item que colheu para este ritual. A ferramenta para a colheita vai depender do que será colhido. Você vai precisar de:

>Uma faca afiada, tesouras, podão ou tesoura de poda
>Uma garrafa pequena ou uma tigela com água

Siga então os passos:

1. De pé, próxima ao que for colher, estenda a mão e sinta a energia daquela planta. Diga:

    Eu honro você, filha da terra.
    Honro o seu crescimento, sua flor e agora seu fruto.
    Agradeço a sua energia.
    Abençoada seja, filha da terra.
    Permita que eu seja abençoada com o ato de colher seu fruto.

2. Com a ferramenta da colheita, corte a ligação entre a fruta e a planta. Sinta a energia da planta quando você colheu sua produção. Honre a diferença que sentiu.

3. Regue as raízes da planta em agradecimento.

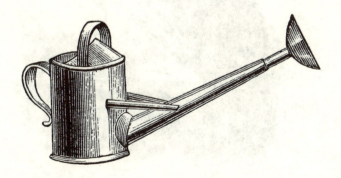

Ritual do gelo para o solstício de inverno

Este ritual é um lembrete físico de que a primavera sempre sucederá o inverno. Se você morar numa região sem neve, faça gelo em cubos com antecedência para usá-los neste ritual. Embora vá ficar muito fria, uma bacia de metal é recomendada porque vai refletir melhor a chama da vela, então tenha cuidado com os dedos quando for segurá-la. Se estiver muito frio onde você mora, realize este ritual dentro de casa. Do contrário, o gelo e a neve não derreterão e o intuito do ritual estará perdido.

Faça este ritual em sua casa, no seu altar ou em qualquer outro lugar onde se sinta confortável. Você vai precisar de:

 1 bacia ou tigela (de metal, de preferência)
 Cubos ou pedaços de gelo e neve recolhidos lá fora (aproximadamente uma xícara cheia)
 1 vela (vermelha, laranja ou amarela) num castiçal
 Fósforos ou um isqueiro

Siga então os passos:

1. Coloque a neve ou os cubos de gelo na vasilha e sente-se ou ajoelhe-se perto dela. Acenda a vela e coloque-a atrás da bacia, assim você poderá ver o reflexo da chama dançando no gelo e na neve.

2. Diga:

*Conforme as estações mudam
   e o sol brilha,
Eu saúdo a luz que retorna à terra.
Enquanto a escuridão se recolhe,
   a luz flui outra vez.
E dia após dia a terra se aquece.
Seja bem-vindo de volta, sol luminoso!
Que seus raios acariciem a terra e
   transformem o gelo em água.
Neve em gelo, frio em calor,
Do inverno para a primavera novamente.*

3. Deixe o gelo ou a neve derreterem até virarem água. Observe o reflexo da vela na água e pense no calor do sol. Sinta a energia que a chama irradia enquanto emite luz e calor. Observe a comunicação entre os dois.

4. Quando terminar, derrame a água nas raízes de uma árvore lá fora.

naturalis pythonissam

TRILHANDO
O CAMINHO
NATURAL

Parte dois

Vivendo mais perto da terra

Capítulo 5

A fontes de informação, sabedoria e poder da bruxa natural são os diferentes aspectos da natureza e do sistema natural — os luminares no céu acima de nós, o mundo vegetal, o mundo mineral. Usar as dádivas da natureza em práticas espirituais pessoais oferece a recompensa do conhecimento e da percepção adquiridos com a experiência. Este capítulo observa como a bruxa natural usa vários elementos da natureza, incluindo o sol e a lua, as árvores, as pedras, as flores e as ervas.

A bruxa natural interage com a natureza para receber todos os benefícios de seus ensinamentos. Ler sobre a natureza, assistir a documentários na TV ou participar de palestras podem ser maneiras excelentes de adquirir conhecimento, mas a experiência da natureza em primeira mão é sempre melhor. Entretanto, nada é de graça. Sempre há a troca de energia. O que você oferece à natureza em troca de sabedoria? Sua dedicação ao trabalho. Sua disposição de trabalhar para curar a terra e suas criaturas, incluindo a humanidade, para restaurar a harmonia entre elas. Sua disposição para transmitir seu conhecimento para os outros.

O sol, a lua e as estrelas

Por muito tempo, o sol, a lua e as estrelas foram observados em busca de poder e de auxílio. A Wicca, uma das formas modernas mais populares de adoração da natureza, dá uma grande ênfase ao trabalho com as fases e a energia da lua. A bruxa natural sabe que algumas sementes podem ser plantadas de acordo com as fases lunares e que elas brotam e são nutridas na escuridão, mas também desabrocham e crescem graças à energia do sol.

O sol permite que a vida se desenvolva neste planeta. Ele fornece luz e calor e te energiza em um nível primário. Com muita frequência, porém, não damos importância à sua existência, ou reparamos na sua presença apenas em relação ao clima. Contudo, a bruxa natural que vive num ambiente urbano pode sempre se conectar com o sol, mesmo que não exista um pedaço de verde ao seu redor.

Na tradição ocultista ocidental, o sol é sempre associado ao poder, ao sucesso, à prosperidade, à saúde, à alegria, à família, à criatividade, ao crescimento e à expansão. A energia solar muda ao longo do dia. A energia do sol da manhã, por exemplo, não é a mesma energia do meio--dia nem do fim da tarde. O nascer e o pôr-do-sol têm energias muito diferentes. Em geral, os quatro pontos solares (amanhecer, meio-dia, anoitecer e meia-noite) correspondem a estágios da vida que podem ser vistos como as quatro estações: nascimento, maturidade, velhice e morte. No entanto, não deixe que isso a impeça de trabalhar com o sol a qualquer momento do dia. Existem outros fatores com os quais você pode contar, e seu instinto é mais pertinente para o seu trabalho do que as associações tradicionais. Se você se sente atraída em usar a energia solar do crepúsculo para lançar um novo projeto, faça isso sem a menor dúvida!

A energia solar também pode ser afetada pela localização do sol em relação à órbita da Terra. Conforme a Terra se move, doze constelações diferentes passam sobre você, e o sol parece se mover entre elas. Dependendo de qual constelação estiver mais elevada num determinado período, dizemos que o sol está naquela constelação.

Por exemplo, o sol entra na constelação de Câncer, o caranguejo, no solstício de verão. Essas constelações, é claro, formam o nosso zodíaco astrológico, que é um método divinatório que usa a posição das estrelas e dos luminares para determinar informações e influências ocultas. Quando o sol "está" numa constelação, dizemos que a energia associada a ela acrescenta um giro um pouco diferente à energia solar básica.

Correspondências da energia zodiacal

Áries, o carneiro: ação, novos começos

Touro: manifestação, coisas materiais, conforto físico

Gêmeos, os irmãos: comunicação, trabalho intelectual

Câncer, o caranguejo: família, nutrição, lar

Leão: sucesso, luxo, liderança

Virgem, a donzela: praticidade, organização

Libra, a balança: sociedade, pessoas

Escorpião: paixão, justiça

Sagitário, o centauro arqueiro: estudo, exploração

Capricórnio, a cabra: negócios, fundações

Aquário, o portador da água: invenção, inovação

Peixes: espiritualidade, misticismo

Em diferentes momentos do ano, as influências estelares acrescentam um sabor extra à energia solar. Cada fase do zodíaco dura aproximadamente trinta dias, e o sol chega à próxima constelação por volta do dia 21 de cada mês. Na astrologia, de modo bastante apropriado, esses são os chamados signos solares. (A lua também parece passar por essas constelações, gastando cerca de um dia e meio em cada uma, e a energia lunar é afetada de modo semelhante pela energia das estrelas. Nesse caso, eles são chamados de signos lunares.)

Encontrando o sol

A forma mais básica de experimentar a energia solar é ir lá fora e ficar de pé ou se sentar sob o sol. No entanto, tenha cuidado. Não olhe diretamente para ele e não deixe de se proteger de queimaduras, usando roupas com proteção ou cremes com FPS adequado.

- Para receber a energia solar, posicione-se confortavelmente num ponto ensolarado e feche os olhos.

- Visualize uma bela neblina verde se erguendo do chão e de todas as coisas que crescem ao seu redor.

- Respire fundo três vezes. Cada vez que você inspirar, visualize que essa névoa de energia verdejante flui para dentro de seus pulmões e se espalha pelo seu corpo, trazendo o sentimento de conforto e relaxamento, de integração com o seu entorno. Ao expirar, libere as tensões, qualquer estresse ou preocupação que você estiver sentindo.

- Abra a sua consciência para o calor e a luz do sol. Receba, deixe-os entrar. Absorva a energia que eles oferecem a você. Como é a sensação física? Emocional? Espiritual? A luz solar traz alguma mensagem para você?

- Leve o tempo que precisar para comungar com o sol e sua energia. Quando terminar, respire fundo três vezes e abra os olhos. Não se esqueça de se alongar e balançar seus braços e pernas antes de se levantar ou fazer algum movimento brusco.

Escreva um resumo de sua experiência em seu diário da bruxa natural. Qual a sensação do toque da energia solar? Você teve algum insight com essa experiência? Escreva seus pensamentos e dúvidas, qualquer visão que possa ter tido, e as compreensões repentinas às quais pode ter chegado.

- Num dia, faça uma pausa de cinco minutos ao nascer do sol, ao meio-dia, no crepúsculo e à meia-noite para observar o movimento e a sensação da energia onde você mora. Escreva suas observações em seu diário da bruxa natural e compare as diferentes energias dos pontos-chave do sol.

- Durante um dia, medite em cada horário solar. Abra-se para a energia do sol e sinta-a da forma mais direta possível. Faça anotações em seu diário depois de cada meditação. Dê um dia de intervalo e compare como você se sentiu ou a informação do que você recebeu depois de cada meditação.
- Por um dia, realize o mesmo ritual básico em cada horário. Registre suas experiências e sentimentos a cada ritual. Dê o intervalo de um dia e compare as semelhanças e diferenças dos quatro rituais.
- Para uma investigação mais profunda, repita os mesmos exercícios uma vez a cada estação. Como a energia solar muda ao longo do ciclo de um dia? E de um ano?

A lua

A lua em geral é associada ao oculto e às práticas mais misteriosas da bruxaria. Os mistérios lunares têm seu lugar na vida da bruxa natural, que sabe que a vida em si é um mistério sagrado. Tradicionalmente, a energia da lua é associada ao poder feminino, aos sonhos, às habilidades psíquicas, aos mares e oceanos, e à transformação.

As fases da lua são importantes na prática da agricultura. Os atos de semear e colher já foram praticados de acordo com as fases da lua e, dependendo do indivíduo, às vezes ainda o são. Cientificamente, essas práticas podem ter a ver com a influência comprovada da lua sobre as águas e outros fluídos. Plantas são compostas por uma grande quantidade de água, o que sugere que seus ciclos de vida possam ser afetados pelas fases da lua.

Essas regras básicas podem ser aplicadas à jardinagem durante as fases da lua. Em geral, plante coisas cuja força reside acima da terra enquanto a lua está crescendo, e aqueles cuja força reside abaixo da terra quando a lua está minguando.

- **Nova até o quarto crescente:** plante ervas e plantas com ciclo de um ano
- **Crescente até a lua cheia:** plante videiras, vegetais e frutas que crescem acima da terra e plantas que florescem durante o ano inteiro
- **Cheia até a minguante:** plantas perenes, tubérculos e bulbos
- **Minguante até a nova:** plantas silvestres, manutenção e combate a pestes de doenças

Se você prestar atenção às fases da lua, também é possível determinar os melhores períodos para realizar ações seculares e espirituais no seu jardim. As seguintes fases correspondem a etapas na vida das plantas:

- **Lua nova:** sementes
- **Primeiro quarto crescente:** brotos
- **Segundo quarto crescente:** crescimento e floração
- **Lua cheia:** frutas
- **Lua minguante:** colheita
- **Lua escura:** remover uma planta morta e preparar para um novo crescimento

A lua parece se mover pelas constelações assim como o sol, e dizem que os signos lunares também influenciam no que você faz no seu jardim. Alguns signos são mais favoráveis para certos tipos de trabalho do que outros. A lua parece passar pelas doze constelações em aproximadamente 28 dias e permanece um dia e meio em cada signo:

- **Plantar:** lua em Câncer, Escorpião e Peixes
- **Colher:** lua em Áries, Gêmeos e Leão
- **Cultivar:** lua em Virgem, Sagitário e Capricórnio

Qualquer bruxa natural interessada em como o mundo vegetal responde às fases da lua deve ter um almanaque de agricultura à mão.

Encontrando a lua

Para explorar a energia da lua, faça os exercícios para encontrar o sol, mas à noite. Tome nota das suas experiências. Tente essas variações dos exercícios para explorar ainda mais a energia lunar e aprofundar sua sintonia.

Faça este exercício à noite no mesmo horário durante quatro momentos de um ciclo lunar: durante a fase crescente, na lua cheia, na lua minguante e na lua nova. Tome notas de seus sentimentos e suas experiências em seu diário. Como a energia lunar muda durante o ciclo?

Realize este exercício na lua cheia de todas as treze luas cheias do calendário anual. Como a energia lunar se transforma conforme mudam as estações?

Trabalhando com a energia das plantas

Uma grande parte do caminho da bruxa natural consiste em usar as energias naturais contidas nas árvores e nas plantas para alcançar um determinado objetivo, seja ele mágico ou medicinal. Quem segue um caminho ligado à magia natural sabe muito bem que podemos entrelaçar essas energias em nossa vida diária para harmonizar a nós mesmas e aos outros com a energia que flui ao nosso redor.

O treinamento para trabalhar com essas energias exige mais do que memorizar uma lista de correspondências. Como sempre, a experiência de pôr a mão na massa é a melhor forma de aprender como trabalhar. Interagir com uma planta enquanto ela ainda está crescendo e interagir com suas energias depois que ela foi colhida lhe dará uma boa ideia de para que essa planta deve ser usada e para quais aplicações sua energia se adequa melhor. Livros sobre ervas, flores e espermatófitas, árvores e plantas de ambientes internos e externos podem ser úteis como referências e guias gerais, mas, no fim das contas, suas leituras energéticas e seus instintos determinarão como você pode fazer o melhor uso das energias do mundo natural. (Por favor, não se esqueça de que estou me referindo à aplicação mágica desses itens, não à medicinal. Para se tornar qualificado em medicina natural você deve fazer cursos credenciados de fitoterapia e/ou trabalhar com responsabilidade usando um livro confiável.)

A primeira coisa da qual você precisa é pelo menos um guia da flora nativa de onde você mora. Não é um livro sobre as aplicações mágicas ou medicinais, mas um guia para identificar as plantas e árvores.

Antes de começar a trabalhar, você precisa aprender as regras básicas de *wildcrafting* — técnica de colher plantas e flores na natureza selvagem, em oposição a colhê-las cultivadas. Por que *wildcraft*? Porque existem plantas que você não consegue plantar num jardim, que desafiam a mão da jardineira. Além disso, poucas bruxas naturais hoje são capazes de plantar toda e qualquer erva, árvore, flor ou arbusto que queiram. As regras básicas para praticar *wildcrafting* com ética são as seguintes:

- **Nunca colha tudo de uma espécie.** Na realidade, não colha sequer a metade de um vegetal. Uma boa regra é colher apenas um quarto do que você vê, desde que haja bastante e esteja crescendo com abundância. É melhor você voltar para apanhar mais material fresco depois do que ficar com uma pilha imensa de ervas que colheu "por precaução". Você provavelmente vai acabar jogando fora. Não desperdice.

- **Lembre-se de que colher material vegetal num ambiente externo pode ser facilmente confundido com invadir propriedade privada.** Procure por placas. Na dúvida, peça.

- **Pegar plantas ameaçadas de extinção é ilegal.** Familiarize-se com as leis locais a respeito da colheita da flora selvagem. Descubra quais são as espécies protegidas da sua região e ajude a protegê-las.

- **Pense objetivamente a cada vez.** Se você viaja para colher plantas silvestres, pesquise a região específica para onde está viajando. Conheça as estradas e trilhas, os perigos e as áreas seguras. Faça um itinerário e se mantenha fiel a ele. Se estiver indo para uma floresta em algum lugar não mapeado, diga a alguém aonde está indo e lhe dê uma cópia do seu itinerário. Não esqueça seu telefone para pedir ajuda, se necessário. Controle o tempo. Leve uma bússola. Prepare lanches nutritivos e carregue bastante água.

Quando você souber as plantas nativas de sua área, pode melhorar suas habilidades de *wildcrafting*, além de explorar sua conexão com as energias naturais onde mora.

Nas próximas páginas você encontrará um conjunto de correspondências comuns para várias energias naturais. Decidi classificar a matéria vegetal entre árvores, flores e ervas. No final do capítulo há referências também para pedras, já que estas também fazem parte da terra.

> IMPORTANTE: Embora eu inclua ocasionalmente conhecimentos de medicina natural tradicional e informações adicionais, se você estiver interessada em usar ervas como medicamentos ou suplementos terapêuticos, deve buscar um guia de medicina natural confiável. *The Herb Book* [O livro das ervas], de John Lust, e *Herbal Remedies for Dummies* [Remédios herbais para leigos], de Christopher Hobbs, são boas referências [ambos em inglês].

A magia das árvores

As árvores são os pilares do nosso mundo. Elas ancoram o nosso chão e parecem sustentar o céu. Formam a espinha dorsal da prática da bruxaria natural. Embora tenhamos a tendência de focar nas ervas, também trabalhamos com madeira, em especial quando algo mais fisicamente estável ou permanente é necessário. O cajado e o cajado bifurcado da bruxa natural, por exemplo, são feitos de madeira, assim como o instrumento mais tradicional da bruxa, a varinha. Gravetos e varetas formam a base de vários amuletos de proteção, assim como anéis de árvores feitos a partir dos galhos com símbolos entalhados. Árvores também têm muitos usos práticos, como servir de apoio para plantas e como cercas naturais. A madeira também é usada para construir casa e mobília.

As árvores citadas a seguir são úteis para a bruxa natural e associadas a algumas tradições. Essas espécies crescem em várias áreas da América do Norte. As partes das plantas usadas incluem a casca, as folhas e a madeira interna.

Bétula (*Betula spp.*)

A tradicional vassoura da bruxa é feita de gravetos de bétula. Magicamente, a bétula é associada à limpeza, proteção e purificação. Também é associada a crianças; é comum que berços sejam feitos com sua madeira.

Carvalho (*Quercus robur*)

O carvalho é uma das madeiras tradicionais que está mais enraizada na sabedoria popular. É magicamente associado à defesa, à força, ao trovão, à cura, à longevidade, à proteção e à boa sorte. Sua madeira, por ser muito forte, durável e ter certa reputação de indestrutibilidade, é muito usada na construção de casas e navios. A casca é usada para tingir lã e como corante. As bolotas — frutos do carvalho — são símbolos da fertilidade. O visco que é encontrado crescendo em carvalhos era considerado muito potente pelos druidas e era importante para seus trabalhos mágicos.

Bordo (*Acer spp.*)

O bordo é outra árvore popular usada na fabricação de armários e por artesãos. Também é utilizado como corante e dele é feito o chamado açúcar de bordo. Magicamente, o bordo é usado para amor, vida e saúde, prosperidade e abundância em geral.

Pinheiro (*Pinus spp.*)

O pinheiro costuma ser usado em construções. Sua resina é usada na produção de terebintina e sabão, assim como na produção de resinas artificiais. Âmbar, umas das pedrarias mais amadas entre as joias mágicas, é a seiva de pinheiro fossilizada. O óleo de pinho, outro derivado da árvore, geralmente é acrescentado a produtos de limpeza doméstica, prova de que seu aroma é associado à sensação de purificação, cura, clareza mental, prosperidade e proteção contra o mal.

Cedro (*Thuja occidentalis* — Cedro-branco; *Cupressus nootkatensis* — Cedro-amarelo; *Juniperus virginiana* — Cedro-vermelho)

Outra madeira preciosa que é reconhecida por muitas culturas como mágica e poderosa. O cedro é conhecido há eras por suas qualidades protetoras, assim como sua habilidade de repelir insetos e pragas. Com sua fragrância perfumada, o cedro geralmente é dado como oferenda. O cedro-amarelo cresce numa forma meio cônica e é usado em sebes. Outro tipo de cedro é o cedro-vermelho (*Juniperus virginiana*). Magicamente, o cedro é associado à cura, espiritualidade, purificação, prosperidade e harmonia.

Tramazeira (*Pyrus aucuparia, Sorbus aucuparia*)

A tramazeira também é conhecida como cornogodinho. Os frutos da tramazeira são usados para fazer bebidas, e a casca é usada para curtir peles e como corante. Dizem que a tramazeira é a favorita das bruxas e das fadas ou motivo de discórdia entre elas. As associações mágicas incluem melhoramento de poderes psíquicos, adivinhação, cura, proteção contra o mal, paz, criatividade, sucesso, mudança e transformação.

Choupo (*Populus spp.*)

Também conhecido como álamo, as associações mágicas do choupo incluem prosperidade, comunicação, exorcismo e purificação.

Freixo (*Fraxinus excelsior*)

O freixo é considerado uma das "Árvores do Mundo" por algumas culturas europeias. Magicamente, o freixo é ligado à água, à força, ao intelecto, à força de vontade, à proteção, à justiça, ao equilíbrio e à harmonia, à habilidade, à viagem, ao clima e à sabedoria.

Salgueiro (*Salix alba*)

O salgueiro-branco — também conhecido como salgueiro-chorão — tem galhos longos e flexíveis que são tecidos no que conhecemos como vime. Há muito tempo associado à lua, o salgueiro tem uma grande afinidade com a água e costuma ser encontrado crescendo perto dela. Na sabedoria popular, ele é associado à Deusa e aos ciclos femininos. Graças à capacidade de ser cortado com facilidade e de se recuperar rapidamente do trauma, o salgueiro também é associado com crescimento e renovação. As associações mágicas do salgueiro incluem amor, harmonia, proteção e cura.

Hamamélia (*Hamamelis virginiana*)

Também conhecida como "avelã que estala" por causa abertura espontânea de suas vagens, a hamamélia é usada há muito tempo como cataplasma para machucados e inchaços. Extrato de hamamélia é usado por suas propriedades adstringentes. Suas correspondências mágicas incluem proteção, cura e paz.

Madressilva (*Lonicera caprifolium, Lonicera periclymenum*)

Também conhecida como lonicera ou arbusto, a madressilva é associada a estados de vigília e transições. O aroma das flores de madressilva é mais forte durante a tarde. Suas associações mágicas incluem clareza psíquica, harmonia, prosperidade e felicidade.

Macieira (*Pyrus malus*)

Macieiras são encontradas por todo o mundo. Sua disponibilidade abrangente e abundância fértil trazem à mente associações com a vida, a longevidade e a fertilidade. A fruta é usada para cozinhar, fazer bolos e produzir bebidas. A cultura popular vincula maçãs à vida após a morte, à criatividade, às fadas e ao outro mundo. Magicamente, maçãs e macieiras são associadas ao amor, à cura e à longevidade.

Sabugueiro (*Sambucus canadensis, Sambucus nigra*)

Também conhecido como sabugueirinho. Dizem que a má sorte cairá sobre qualquer um que que não peça permissão três vezes antes de colher qualquer uma de suas partes. A cultura popular associa o sabugueiro à face anciã da Deusa e a bruxas, e por isso sua madeira raramente é usada para fazer móveis ou fogueiras, por medo de provocar sua cólera. No aspecto medicinal, a casca do sabugueiro é utilizada como diurético, purgante e vomitivo. O fruto do sabugueiro é usado como laxante e diurético e para induzir a transpiração, e das folhas se faz uma pomada para a pele irritada, torções e machucados. Uma infusão de chá de suas flores silvestres estimula o corpo a transpirar, auxiliando-o assim durante um resfriado ou doença, pois também descongestiona o peito. A água da flor silvestre é uma excelente aplicação tópica na pele irritada, incluindo problemas como queimaduras de sol e acne, além de ser boa para lavar os olhos. No aspecto mágico, o sabugueiro é associado à proteção (especialmente contra raios), prosperidade e cura.

Teixo (*Taxus baccata*)

O teixo é venenoso, o que pode ser um dos motivos pelo quais ele é tão associado à morte. É uma árvore europeia muito presente nos saberes da bruxaria e magia natural. O teixo produz uma madeira muito dura que era usada em construções que exigiam estruturas rígidas e resistentes. No uso mágico, ele é associado a espíritos e ao outro mundo.

Espinheiro-branco (*Crataegus oxyacantha*)

Também conhecido como espinheiro-alvar, flor de maio e pilriteiro, o arbusto do espinheiro-branco comumente era usado para marcar limites. Em inglês, o pilriteiro (*haw*) é um sinônimo antigo para arbusto (*hedge*). O espinheiro-branco é uma árvore mágica. Se ele cresce junto de um carvalho ou de uma tramazeira, dizem que o povo das fadas pode ser visto entre as árvores. Mesmo quando cresce sozinho, o espinheiro é considerado uma das árvores favoritas das fadas. Como o carvalho, o espinheiro-branco produz uma madeira dura, que gera muito calor quando é queimada. Suas associações mágicas incluem a fertilidade, a felicidade, a proteção e o outro mundo.

Aveleira (*Corylus avellana*)

Há muito tempo a aveleira é associada à sabedoria na cultura popular europeia. Deuses e figuras mitológicas relacionados à aveleira incluem Thor, Brígida e Apolo. Suas avelãs e seus galhos são associados à sorte, à fertilidade, à proteção e à realização de desejos.

Exercício para se sintonizar com uma árvore

Antes de começar, relembre as técnicas para sentir as energias das plantas no capítulo 3.

1. Escolha uma árvore. Sente-se perto dela. Coloque a mão a aproximadamente 2 cm da casca. Estenda sua consciência e sinta a energia da árvore. Depois de terminar este exercício, tome notas em seu diário.

2. Com a mesma árvore, toque a casca. Explore a sensação do contato entre a árvore e a sua mão. Aproxime-se e sinta o cheiro dela. Feche os olhos e escute os sons que a árvore produz em resposta ao ambiente. Olhe atentamente para a árvore e veja as diferentes texturas, cores e marcas. Se ela der frutos e você souber que é seguro, prove-os. Tome notas em seu diário.

3. Realize estes exercícios com diferentes tipos de árvores. Observe e compare suas experiências.

4. Faça esses exercícios com árvores diferentes da mesma família. Quais as semelhanças entre elas? Quais as diferenças?

Coletando e usando a madeira

Algumas pessoas têm dificuldade com a ideia de cortar a madeira de uma árvore ou de um arbusto porque não sabem como fazer isso do jeito adequado. Quando você usa madeira fresca, capta muito de vida e energia, que podem ser exatamente o que você está buscando no seu trabalho ritual e em qualquer prática que envolva esse material. Galhos e gravetos caídos são madeira que a árvore descartou por não serem mais úteis. Podem não ter o tipo de energia vibrante e fresca que você está procurando. Depende de sua visão particular de como trabalhar com o mundo natural. Se cortar madeira fresca, terá que esperá-la secar, uma vez que a seiva e os sumos podem deixar sua serra e lixa pegajosas.

Então por que usar madeira fresca? A resposta é simples: sua intenção mágica é canalizada assim que você escolhe de qual árvore vai cortar um pouco de madeira. Ao escolher uma árvore, você está apresentando um pedido da energia dela para você. Conforme a corta, está focando no seu objetivo. A partir do primeiro movimento, você está infundindo poder no seu intuito juntamente com a árvore, se ela concordou em doar a própria madeira para a sua causa.

Como se pede ajuda a uma árvore? Coloque suas mãos nela e apresente sua intenção, seja em voz alta ou mentalmente. Pense bem no motivo pelo qual você precisa da madeira, como ela será usada e para qual objetivo. Todos esses pensamentos irão fluir da sua energia para a energia da árvore. Então espere. As árvores geralmente precisam de um tempo para absorver o seu pedido, pois elas funcionam num ritmo diferente do nosso. Às vezes a árvore aceita o seu pedido na hora, mas em outros momentos você pode não receber uma sensação de aceitação ou de recusa rapidamente. Nesse caso, agradeça a árvore pelo tempo dela e diga que voltará em um dia ou dois. Quando voltar, coloque sua mão na árvore novamente e estenda sua consciência. Reafirme sua necessidade e espere por uma resposta. Às vezes, a árvore só precisa de tempo.

É claro que a árvore não responderá com palavras se você pode cortar seus galhos. Em vez disso, você sentirá uma sensação de paz ou de concordância. Ou você pode ter a sensação de que não é uma boa ideia. Nesse caso, agradeça a árvore, deseje tudo de bom e procure outra árvore para pedir.

Entrando em contato com a energia das flores

As flores são as partes bonitas das plantas e carregam suas informações reprodutivas, valiosas e essenciais. Tecnicamente, elas constituem parte de uma erva, um arbusto ou uma árvore, mas são separadas porque nós costumamos pensar nas flores como a identificação de um aspecto de uma planta. Além disso, na magia natural, a flor em si é, geralmente, a parte usada.

É possível secar as flores e usá-las em arranjos, guirlandas ou prensá-las e usá-las em colagens mágicas ou pot-pourris. Uma vez secas, as plantas podem ser esmigalhadas e usadas em misturas de ervas para chás, sachês e pós mágicos.

Uma flor carrega um pequeno feixe organizado de energia, pois é o órgão sexual da planta, é como a planta se reproduz. Flores secas carregam uma energia diferente das flores frescas? Sim e não; a energia intrínseca se mantém, mas a expressão é diferente. Para determinados rituais e feitiços você pode querer a vibração de flores frescas, e para amuletos, como sachês e pós, você pode preferir flores secas, que tendem a exibir uma energia mais lenta e duradoura.

Aqui estão dezenove flores encontradas no jardim da bruxa natural. Elas também são usadas magicamente.

Cravo (*Dianthus spp.*)

O cravo tem uma energia de cura maravilhosa e é um ótimo presente para pessoas doentes. Cravos são usados em magias de proteção, força, sorte e cura.

Narciso (*Narcissus spp.*)

O narciso é uma flor excelente para amuletos voltados ao amor e à fertilidade. No aspecto mágico, o narciso é associado à sorte, à fertilidade e ao amor.

Margarida (*Chrysantemum leucanthemum*)

A margarida é comumente associada ao amor e ao flerte. Nós todos já arrancamos as pétalas de uma margarida — "bem-me-quer, mal-me--quer". No aspecto mágico, é associada ao amor, à esperança e à inocência. Use a margarida também em magias associadas às crianças.

Gardênia (*Gardenia spp.*)

A gardênia é uma flor excelente para atrair uma energia tranquila para um lugar ou indivíduo. Acrescentar pétalas de gardênia num sachê de cura ou usá-las em um ritual de cura incorpora sua energia tranquila e faz com que a cura aconteça num ritmo tranquilo. A gardênia também é utilizada em feitiços e amuletos de amor. Magicalmente, a gardência é associada à harmonia, à cura, ao amor e à paz.

Gerânio (*Pelargonium spp.*)

Cultivado em ambientes internos e externos, gerânios carregam uma forte energia de proteção, que é estendida em todo o seu entorno. Gerânios vermelhos têm sido tradicionalmente associados à proteção. O gerânio rosa é usado em feitiços de amor. No aspecto mágico, os gerânios estão ligados à fertilidade, ao amor, à coragem e à proteção.

Jacinto (*Muscari racemosum, Hyacinthus non-scriptus*)

Jacintos selvagens ou em bulbos têm um aroma primaveril delicioso. O jacinto selvagem perene, também conhecido como *bluebell*, é menor e ainda mais elegante do que o jacinto em bulbo cultivado. Jacintos desabrocham apenas durante um período curto do ano, mas nessa época produzem uma energia vibrante. As flores receberam esse nome por causa de um jovem homônimo da mitologia grega, benquisto por Apolo, que criou as flores para homenageá-lo depois da morte acidental do rapaz. Na magia, jacintos são associados ao amor, à felicidade e à proteção.

Íris (*Íris florentina*)

Também conhecida como lírios, a íris é uma agradável flor da primavera usada para purificação e bênçãos, e também para a sabedoria. Dizem que suas três pétalas simbolizam a fé, a sabedoria e o valor. A raiz de íris produz um pó usado como fixador em pot-pourris. O pó da raiz também é usado para atrair paz, harmonia e amor.

Jasmim (*Jasminum spp.*)

O jasmim tem um cheiro inebriante, porém delicado, que costuma ser mais forte à noite. Por causa disso, é popularmente associado à lua e à energia feminina. O jasmim, que há muito tempo tem sido associado à sedução e à sensualidade, é um ingrediente valorizado pelos perfumistas. No aspecto mágico, a flor está ligada ao amor, à meditação, à espiritualidade, à harmonia e à prosperidade.

Lavanda (*Lavandula spp.*)

Outra flor perene muito comum, a lavanda é usada em aplicações mágicas e não mágicas. Graças ao seu aroma suave, é uma erva ideal para ser usada em magias para crianças, pois encoraja o relaxamento e o sono. No aspecto mágico, a lavanda é associada à paz, tranquilidade, harmonia, purificação e cura.

Lilás (*Syringa vulgaris*)

O aroma doce e fresco do lilás no final da primavera é uma experiência inebriante. As flores desse arbusto podem ser brancas ou em tons de roxo. Na magia, elas são associadas ao banimento de energias negativas.

Lírio (*Lilium spp.*)

A família do lírio é muito grande. Em geral, lírios são associados à proteção e à interrupção de maldições. Lírios diurnos trazem à mente o conceito de ciclos. Em algumas culturas, lírios são associados à ideia de morte e vida após a morte, reforçando a ligação com renascimento e ciclos.

Lírio-do-vale (*Convallaria magalis*)

Essa pequena cascata de flores brancas ou creme em forma de sino tem um aroma delicado. Na magia, ela melhora a concentração e a capacidade mental, e é usada para estimular a felicidade.

Amor-perfeito (*Viola tricolor*)

Também conhecida como erva-trindade, o amor-perfeito é uma planta resistente e de aparência alegre, com flores multicoloridas, e é parente da violeta. Ela floresce durante o verão e tem variedades perenes e de ciclo anual. No aspecto mágico, é usada para adivinhação, comunicação, amor e felicidade.

Papoula (*Papaver rhoeas*)

Também conhecida como papoila, a papoula-vermelha é uma flor reluzente com caule e folhas verdes felpudas. Embora a papoula-vermelha (*Papaver rhoeas*) seja um narcótico suave em grandes quantidades, a espécie de papoula que é tóxica e serve de base para ópio é a *Papaver somniferum*. Sementes de papoula são usadas na culinária e, às vezes, o óleo extraído delas também é usado como ingrediente na cozinha. Na magia, a papoula é associada à tranquilidade, à fertilidade, à prosperidade, ao amor, ao sono e à invisibilidade.

Rosa (*Rosa spp.*)

Ao longo da história, em diferentes culturas, a rosa é uma das flores mais conhecidas. Seu aroma é inconfundível. A sabedoria popular e a literatura fizeram dessa flor um sinônimo do amor, embora nem de longe essa seja a única associação que ela carrega. A rosa cria uma atmosfera de beleza que encoraja a proximidade com a natureza. A rosa é uma flor muito feminina, e é comestível, se não recebeu pesticidas e foi preparada corretamente (veja o capítulo 9 para receitas usando rosas e outras flores). A verdadeira rosa tem um aroma suave; infelizmente, produtos com aromas artificiais de rosas têm um cheiro intenso e muito adocicado. Na magia, a rosa é associada à cura, à adivinhação, à tranquilidade, à harmonia, à habilidade psíquica, à espiritualidade e à proteção.

Boca-de-leão (*Antirrhinum majus*)

A boca-de-leão tem uma adorável energia inocente. Na magia, ela é usada para proteção, principalmente contra ilusões ou enganos, ou para refletir a energia negativa de volta para suas fontes. Plante bocas-de-leão por todo o perímetro do seu jardim para protegê-lo.

Girassol (*Helianthus spp.*)

Uma planta considerada sagrada pelos povos Incas, o girassol é associado ao sol e à sua energia, é claro. Carrega associações mágicas ligadas à felicidade, ao sucesso e à saúde. Também está relacionado à família e às boas-vindas. As sementes abundantes têm associações mágicas com a fertilidade. Girassóis são excelentes para celebrações ou rituais do solstício de verão. Germine as sementes e plante-as para aumentar a energia de seu jardim de modo geral. (Escolha as sementes em vez de plantá-las aleatoriamente, assim você saberá qual tamanho de girassol esperar!)

Tulipa (*Tulipa spp.*)

O formato de cálice ou taça da tulipa faz dessa flor ideal para magias de prosperidade e abundância. A tulipa também é associada à proteção, ao amor e à felicidade.

Violeta (*Viola odorata*)

Também conhecida como violeta perfumada, a violeta é uma flor delicada usada para a paz, a esperança, a harmonia, a proteção, a sorte, o amor, o sono e a tranquilidade. Use violetas em amuletos e sachês criados para manter a tranquilidade e estimular a paz, especialmente entre as pessoas. Combine violetas com lavanda em travesseiros de ervas para ajudar as crianças a dormirem, acalmando pesadelos. A violeta também apresenta aspectos de fertilidade e abundância, que são refletidos na facilidade com que a planta cresce e se espalha.

Plantas e ervas potentes

Em linhas gerais, uma planta chamada de erva possui algum tipo de valor medicinal, culinário ou mágico. Botânicos e jardineiros diferenciam ervas e plantas pelo caule: se a planta tiver um caule de "madeira" acima do solo, ela não é uma erva, mas uma árvore ou um arbusto. De acordo com essa definição, a menta é uma erva, mas o alecrim não.

Entretanto, no mundo mágico e espiritual o termo "erva" é usado de forma genérica para se referir a pedaços de árvores, flores, temperos e todos os tipos de plantas. Portanto, as ervas compõem uma parte enorme da prática da bruxa natural. Indo atrás das ervas, você encontrará alguns vegetais variados que também são úteis (embora geralmente ignorados).

A lista a seguir inclui algumas ervas aromáticas e culinárias.

Pimenta dioica (*Pimenta officinalis*)

Também conhecida como pimenta-da-jamaica, o fruto seco da pimenta dioica é um item de primeira necessidade comum na prateleira de temperos de qualquer cozinha. Incorpora sabores como cravo e canela e é um ingrediente comum em biscoitos natalinos. Um aroma doce porém picante é liberado quando as frutas secas são esmagadas. Os frutos da pimenteira são ótimos ingredientes para misturas para a prosperidade e qualquer mágica direcionada ao aumento da energia, do amor, da sorte e da realização de curas.

Angélica (*Angelica archangelica*)

Também conhecida como erva-dos-anjos ou dos arcanjos, essa planta aromática tem sido usada ao longo dos séculos para melhorar a digestão, temperar vinhos e licores, e na fabricação de doces. Nos usos mágicos, está associada à proteção e à purificação.

Manjericão (*Ocimum basilicum*)

Também conhecido como alfavaca ou basilicão, o manjericão é facilmente encontrado nas estantes de temperos das cozinhas e nas hortas de ingredientes por toda a Europa e as Américas. Versátil nas artes culinárias, é uma erva mágica excelente para diversos propósitos. O manjericão é usado para prosperidade, sucesso, paz, proteção, felicidade, purificação, tranquilidade e amor.

Louro (*Laurus nobilis*)

Também conhecido como loureiro e sempre-verde, o louro era usado para coroar os vencedores dos jogos da Roma e da Grécia Antigas. Na magia, é associado ao sucesso, à sabedoria e à adivinhação. Escreva um desejo numa folha de louro e queime-a, ou durma com ela debaixo do travesseiro para ter sonhos que ofereçam algumas orientações de como alcançar o seu objetivo. (Se você queimar a folha de louro, faça isso numa área bem ventilada, pois a fumaça pode ser ligeiramente alucinógena.)

Camomila (*Chamaemelum nobile, Matricaria recutita*)

Também conhecida como macela, a camomila (em suas duas variedades, a romana e a alemã) é outra erva popular nos usos mágicos e medicinais. É excelente para aliviar problemas estomacais, dores de cabeça e nos nervos, além de ser uma boa erva para ser dada a crianças. No aspecto mágico, é usada para prosperidade, paz, cura, harmonia e felicidade.

Calêndula (*Calendula officinalis*)

Embora algumas vezes seja identificada como margarida, a calêndula não é a margarida comum (*Tagetes spp.*). A calêndula é comestível; a margarida de jardim, não. A calêndula tem sido usada medicinalmente para tratar irritações de pele como eczema, machucados, cicatrizes e arranhões. Na magia, é utilizada para felicidade, prosperidade, amor, poderes psíquicos e harmonia.

Canela (*Cinnamomum spp.*)

A canela é uma das ervas com múltiplos usos que não pode faltar no armário da bruxa natural. Ela possui um nível de energia elevado, e uma pitada pode ser acrescentada a qualquer coisa para acelerar sua potência. Na magia, a canela está associada ao sucesso, à ação, à cura, à proteção, à energia, ao amor, à prosperidade e à purificação.

Cominho (*Carum carvi*)

A semente de cominho é de excelente uso para proteção contra a negatividade. Também é uma erva que afasta ladrões, então coloque alguns sachês de jardim no ambiente externo da sua casa para desencorajar animais e intrusos de mordiscarem suas plantas. Use amuletos ou sachês de proteção na sua casa. Associações mágicas incluem saúde, habilidades mentais, proteção, fidelidade e antifurto.

Cravo-da-índia (*Syzygium aromaticum*)

O pequeno botão seco do cravo é usado na culinária, na confeitaria e na magia. Nos usos mágicos, o cravo é associado à proteção, à purificação, à habilidade mental e à cura. Coloque três cravos em um sachê ou amuleto para acrescentar uma energia protetora e purificadora, e para manter a ação do amuleto pura e focada por um período maior. Um sachê de alecrim, angélica, sálvia, três cravos-da-índia e uma pitada de sal amarrado por um fio ou uma fita vermelha é um bom truque para diversos propósitos. Pode ser pendurado acima de uma porta ou no seu carro para afastar a negatividade e proteger o local.

Confrei (*Symphytum officinale*)

Também conhecido como consolda-maior ou orelha-de-boi, o confrei é muito conhecido como uma erva de cura. Na magia, é associado à saúde, à cura, à proteção durante viagens e à prosperidade.

Endro (*Anethum graveolens*)

Também conhecido como aneto, o endro tem duas formas de uso: as sementes ou a erva — as folhas da planta, que lembram uma plumagem. As duas servem ao trabalho da bruxa natural. Na magia, o endro é usado para boa sorte, tranquilidade, prosperidade, prazer e proteção.

Gengibre (*Zingiber officinale*)

Cultivado ou selvagem, o gengibre é uma erva ideal para rituais e feitiços, pois funciona como um amplificador do poder envolvido. O gengibre pode ser usado para dar uma energia extra no amor, estimular finanças, aumentar o potencial para sucesso em praticamente tudo. O uso medicinal inclui combater resfriados, acalmar o estômago e diminuir náuseas.

Manjerona (*Origanum majorana*)

A manjerona é uma planta perene, semelhante ao orégano, só que mais adocicada e suave. A manjerona era usada para coroar os recém-casados na Grécia Antiga. É usada para felicidade, proteção, amor e alegria, sobretudo em ambientes familiares. (O orégano [*Origanum vulgare*] é uma erva semelhante, usada para o amor, a coragem e a ação.)

Menta (*Mentha spp.*)

Existe uma grande variedade de mentas cultiváveis. São ervas versáteis que podem crescer num jardim e no parapeito da janela da cozinha. Uma infusão de folhas ajudará com a maioria das dores de cabeça, além de estimular o apetite e facilitar a digestão. As associações mágicas são prosperidade, alegria, fertilidade, purificação, amor e sucesso.

Losna (*Artemisia vulgaris*)

Também conhecida como artemísia e erva-de-são-joão, a losna é outra erva onipresente na bruxaria. Dizem que uma decocção das folhas ajuda a abrir sua mente antes de tentar adivinhações. Na magia, está relacionada aos sonhos proféticos e à adivinhação, ao relaxamento e às consagrações.

Noz-moscada (*Myristica fragrans*)

No aspecto medicinal, a noz-moscada interrompe a náusea e alivia problemas digestivos (embora também possa ser tóxica em grandes quantidades). Na magia, ela está associada às habilidades psíquicas, à felicidade, ao amor e à saúde.

Salsinha (*Petroselinum crispum*)

Na Grécia Antiga, a salsinha era usada com vários propósitos, que iam de fazer coroas para celebrar o sucesso dos vencedores até espalhá-la sobre corpos para neutralizar o cheiro de decomposição. No aspecto mágico está ligada ao poder, à força, ao prazer, à purificação e à prosperidade. Tanto a folha quanto as sementes podem ser usadas.

Alecrim (*Rosmarinus officinalis*)

As aplicações práticas do alecrim incluem o uso como tônico de pele, aplicado externamente, como condicionador, para dar brilho a cabelos escuros e aliviar coceiras no couro cabeludo. Uma infusão tomada como chá pode ajudar a diminuir uma dor de cabeça. As associações mágicas incluem proteção, melhora da memória, sabedoria, saúde e cura.

Sálvia (*Salvia spp.*)

A sálvia é talvez a erva mais usada para purificação e proteção. Uma infusão tomada como chá ajuda a aliviar a acidez estomacal, facilita a digestão e pode ajudar a acalmar a ansiedade. As associações mágicas incluem purificação e proteção, sabedoria, saúde e longevidade.

Verbena (*Verbena officinalis, Verbena spp.*)

Também conhecida como urgebão, a verbena é uma erva excelente para múltiplas intenções. Para usos medicinais, uma infusão de verbena ajuda a acalmar dores de cabeça, aliviar o estresse e é um ótimo chá antes de ir deitar. Versátil nos usos mágicos, a verbena é associada à adivinhação, à proteção, à inspiração, à abundância, ao amor, à paz, à tranquilidade, à cura, às habilidades de performance artística e à reversão de atividades negativas. Faça óleo de verbena colocando a erva fresca em um azeite de oliva ou óleo de semente claro e use-o como óleo padrão para bênçãos e proteções. Acrescente folhas de verbena esmigalhadas em qualquer sachê para agregar as energias positivas que você está atraindo. É uma excelente erva com vários propósitos para ser posta em qualquer patuá ou saquinho de proteção para atrair o sucesso.

Milefólio (*Achillea millefolium*)

Também conhecida como erva-dos-carpinteiros, feiteirinha ou mil-folhas, a milefólio é uma erva de jardim comum, cultivada por causa de sua atraente folhagem prateada. As folhas e o caule da milefólio, colhidos no final do verão, têm sido usados como emplastro para estancar sangramentos. Na magia, é usada para coragem, cura e amor.

Musgo

O musgo é o primeiro tipo de planta a crescer no que parece ser uma área estéril. Também é resistente e sobrevive nos lugares mais estranhos, onde jamais se pensaria que ele poderia crescer. O musgo prefere a umidade e ambientes com sombra. Ele pode, e vai, crescer em árvores, pedras, madeira morta e no solo — qualquer lugar onde houver uma rachadura ou espaço onde partículas de solo possam se juntar. Pode crescer sem um lugar para se enraizar, contudo, e isso é possível porque o musgo tecnicamente não tem raízes. Ele absorve a água por meio de suas folhas. Como sobrevive com pouca manutenção e em locais improváveis, o musgo é associado à perseverança, à paciência, à nutrição e ao crescimento. Como é exuberante mesmo em áreas aparentemente inóspitas, também é relacionado à serenidade à calma.

Samambaias

Samambaias são plantas etéreas que podem ser frágeis ou muito resistentes. Elas crescem numa variedade de ambientes e climas, dependendo da família e da espécie. Costumam ser associadas à invisibilidade, ao amor, à castidade, à proteção contra o mal e à abertura de caminhos.

Grama

A grama é tão comum que a maioria das bruxas naturais não presta atenção nela. A grama não está presente apenas nos nossos gramados, pode ser vista bem alta, ondulando na beira das estradas ou crescendo pelas rachaduras nos becos ou terrenos baldios. Assim como o musgo, é associada à serenidade. A grama também tem um humor incomum: se você quiser que ela cresça, ela vai resistir, contudo, se você tentar se livrar dela, continuará brotando. A grama é ardilosa. Também é bastante adaptável.

Usando as pedras: os ossos da terra

Embora não pensemos nelas como algo em crescimento, como plantas e árvores, as pedras, às vezes, são chamadas de "ossos da terra". Pequenas, não perecíveis e convenientes, pedras e cristais constituem um elemento muito útil da prática da bruxa natural. Não negligencie o trabalho com cristais e pedras preciosas apenas porque não brotam no seu jardim como o granito comum e a argila.

As pedras têm diversos usos na bruxaria natural. Podem ser energizadas a seu modo e carregadas ou posicionadas em lugares específicos. Também podem ser usadas em joias, colocadas em pot-pourris e em misturas de ervas, trituradas e adicionadas a incensos, podem ser colocadas inteiras nas receitas de alguns incensos enquanto eles amadurecem (mas remova-as antes de queimar o incenso), acrescentadas em óleos, enfiadas em vasos de plantas e enterradas. As possibilidades são intermináveis.

Aqui estão vinte pedras que podem ser usadas pela bruxa natural:

Ágata dendrítica

A ágata dendrítica é parecida com a ágata musgo, exceto pelo fato de os veios verdes parecerem presos numa rocha branca opaca, em vez de em um cristal translúcido.

Ágata musgo

A ágata musgo é usada para curas, para acalmar e aliviar o estresse. É chamada assim porque a pedra tem veios verdes, como se fios de musgo estivessem presos no gelo, ou num cristal translúcido e embaçado. Como a maioria das pedras verdes, é associada à natureza.

Ametista

A ametista é um quartzo lilás associado aos poderes psíquicos, à verdade, ao equilíbrio, à proteção e à cura.

Aventurina

Pedra verde opaca com pequenas marcas douradas em seu interior. É associada à boa sorte, à prosperidade e à saúde.

Cornalina

A cornalina é uma pedra laranja leitosa. No aspecto mágico, está ligada ao sucesso e à realização.

Citrino

O citrino é um quartzo amarelo que geralmente se assemelha a uma pedra de gelo dourada, ou é um cristal amarelo e branco. É encontrado como seixo em pontos geológicos. Serve para acalmar pesadelos, ajudar na digestão, a concentrar a mente e aumentar a criatividade.

Hematita

A hematita é uma pedra de uma cor prateada escura (também pode aparecer em preto, marrom e marrom-avermelhado). Na Idade Média era chamada de pedra-de-sangue, então se você encontrar referências a esse termo, certifique-se de qual é o cristal mencionado. A hematita contém ferro e na magia é utilizada para aterrar energia excessiva ou desequilibrada. Ela também desvia a negatividade, por isso é associada à defesa, à cura e à justiça.

Jade

Encontrada comumente na cor verde, essa pedra é relacionada com a sabedoria, a prosperidade, a fertilidade, a saúde e a proteção.

Jaspe

Embora seja encontrado em muitas cores, é mais comum o jaspe vermelho. É bom para o aterramento da energia estabilizadora e para proteção e coragem. Enterre jaspes nos quatro cantos do seu quintal para aprofundar sua conexão com a terra e proteger sua energia, a fim de crescimento e rendimento mais balanceados.

Lápis-lazúli

Pedra com rajados de dourado, a lápis-lazúli é associada à liderança, à comunicação, ao desestressar, à criatividade, à alegria e à harmonia.

Malaquita

Um cristal verde-escuro com círculos e faixas de um tom verde-claro, a malaquita é associada à fertilidade e aos mistérios da terra. É uma pedra maravilhosa para bruxas naturais trabalharem, pois ajuda a fortalecer sua conexão com o mundo da natureza. Tente carregar um pedaço de malaquita enquanto se comunica com o mundo vegetal, se estiver vagando por um campo ou remexendo a terra do seu quintal. Veja como isso afeta o seu trabalho e sua percepção.

Pedra da lua

Uma pedra leitosa, às vezes com tons de verde, pêssego ou cinza. Na magia, a pedra da lua é associada à proteção durante as viagens, às crianças, ao amor e à paz. Ela também tem uma conexão com a Deusa.

Pedra do sangue

A pedra do sangue é um cristal verde opaco com marcas vermelhas em seu interior. Na magia, está relacionada à saúde (principalmente ao sangue) e à proteção.

Quartzo

Pedra fácil de obter, o quartzo branco parece gelo e por vezes apresenta pequenas inclusões de outros cristais (que não afetam em nada a energia da pedra). O cristal de quartzo amplifica a energia, armazena poder, melhora habilidades psíquicas e absorve a negatividade. Tornou-se imensamente popular, pode ser encontrado lapidado ou pontiagudo (que é como ele se forma) e é bastante usado em joias. O cristal de quartzo é uma excelente pedra que pode ser utilizada para vários propósitos.

Quartzo rosa

Outro cristal comum, o quartzo rosa parece um gelo cor-de-rosa. Como outros cristais de quartzo, o quartzo rosa amplifica e armazena energia. É usado especificamente para aumentar a autoestima, encorajar o amor próprio, curar o emocional, estimular afeição, transformar energia negativa em positiva e acolhedora.

Quartzo fumê

O quartzo fumê é um cristal cinzento usado para aterramento e para remover obstáculos. Ele fortalece a intuição e ajuda a manifestar e transformar o pensamento em ação, os objetivos em realidade.

Obsidiana floco de neve

Uma pedra preta opaca com manchas que parecem flocos de neve brancos ou cinza-claros, muito usada para proteção. A obsidiana comum, toda preta, também é usada para proteção. Prefiro usar a obsidiana floco de neve no trabalho de bruxaria natural, pois ela me remete ao inverno e à meia-noite, duas partes importantes do ciclo natural das estações e do dia.

Sodalita

Com veios brancos ou cinzas, a sodalita é usada para equilibrar as emoções e aumentar a sabedoria.

Olho de tigre

Pedra lustrosa, suave e marrom com faixas de dourado-escuro, a olho de tigre é usada para força, coragem, sorte e prosperidade.

Turquesa

Uma pedra azul-clara com veios finos pretos ou cinzas, a turquesa é uma pedra excelente para crianças, pois protege e fortalece com suavidade. Também ajuda a centrar a mente e as vontades.

Limpando cristais

Antes de usar um cristal, é importante limpá-lo e purificá-lo. A limpeza remove fisicamente a terra ou a sujeira; apenas lave o cristal em água corrente e use um pano ou uma escovinha se for necessário. Purificar o cristal significa limpar sua energia. Antes de usar uma pedra para qualquer propósito mágico, ela sempre deve ser purificada.

Existem várias maneiras de purificar uma pedra:

- Deixe-a exposta à luz do sol e à luz da lua por um tempo determinado.
- Enterre-a num prato ou recipiente com sal de um a três dias. O sal é um purificador natural. Nunca use o sal para limpar uma pedra que contenha ferro na composição, como a hematita, pois o metal enferrujará.
- Enterre-a num prato ou recipiente com terra por um período determinado. A terra fará o mesmo que o sal, embora precise de um pouco mais de tempo.
- Deixe a pedra imersa na água por um tempo determinado. A água em movimento na natureza purifica mais rápido, mas deixar o cristal em uma pequena tigela por um período mais longo também funciona. Você pode acrescentar uma pitada de sal para acelerar o processo, a menos que esteja limpando uma pedra que esteja incrustrada em metal ou contenha metal, como é o caso da hematita.

Quanto tempo você deixa a pedra para purificar ou o método escolhido depende da quantidade de energia externa que está agarrada a ela (como veremos adiante).

Entrando em sintonia com os cristais

Antes de usar uma pedra para um propósito mágico, conheça sua energia particular; assim, quando testar sua energia, terá uma ideia de quanta purificação ela precisa.

Quando trouxer um cristal para casa pela primeira vez, seja de uma loja ou de um passeio pela natureza, limpe-o e purifique-o com um dos métodos anteriores por uma semana inteira para garantir que ele foi completamente zerado de qualquer energia externa. Não se preocupe; você não pode remover a energia intrínseca de um objeto, então é impossível purificar em excesso.

Quando a semana terminar, prepare-se para encontrar um lugar tranquilo para se sentar com a pedra e seu diário da bruxa natural. Respire fundo três vezes, liberando a tensão e se concentrando na pedra em sua mão a cada expiração. Comece testando a energia do cristal usando um dos métodos de testar energia apresentados no capítulo 3. Como você percebe essa energia? Faça quantas observações e associações forem possíveis. O importante é fazer observações pessoais sobre a energia, não acertar as correspondências tradicionalmente associadas à pedra.

Quando tiver uma ideia de como é a energia da pedra quando ela está totalmente natural, sem os efeitos de qualquer outra energia, você poderá avaliá-la antes de um uso futuro e determinar de quanta purificação ela vai precisar. Cada pessoa sente a energia de forma diferente, mas pode ser que a pedra pareça particularmente pesada ou negativa, ou você terá a sensação de que há algo de errado, ou apenas vai sentir uma diferença na próxima vez que pegá-la para usar. Se sentir a pedra muito diferente, purifique-a por um tempo maior. Se você usou a pedra para um propósito mágico anteriormente, é importante purificá-la mesmo que seja para a mesma intenção, pois a pedra utilizada pode ter captado energias. Conforme você se torna mais experiente em sentir as energias, será capaz de identificar de quanta purificação um cristal precisa ao comparar sua energia atual com a energia que você sabe que é a normal.

Energizando cristais

Para preparar uma pedra para o uso mágico depois de purificá-la, você deve energizá-la ou programá-la. Estes passos alinham a energia natural do cristal com a sua intenção mágica. Embora algumas energias naturais funcionem mesmo que você não energize a pedra com sua intenção mágica, elas atuarão de acordo com o seu desejo com bem mais eficiência se você as programar com sua necessidade exata e seu objetivo mágico.

- Para programar uma pedra com a sua intenção, segure-a com ambas as mãos. Feche os olhos e respire fundo três vezes, se concentrando no seu objetivo mágico.

- Visualize o seu objetivo já conquistado. Isso significa que você precisa reservar um ou dois minutos do seu dia para sonhar acordada com o quanto se sentirá ótima assim que a situação se encaminhe de acordo com a sua vontade.

- Agora visualize uma luz brilhante se formando ao redor de suas mãos. Essa luminosidade é a energia reunida no seu interior para energizar a pedra. É a energia programada com o seu objetivo mágico. Imagine a pedra absorvendo essa luz brilhante.

- Diga em voz alta qual é o seu objetivo e para que o cristal será usado. Por exemplo, você pode dizer: "Esta pedra me trará prosperidade", se você for programá-la para o sucesso financeiro ou a abundância. Algumas pessoas acham mais fácil proferir uma frase como essa repetidamente para aumentar a energia e focá-la no cristal que está sendo energizado. Eu tendo a ser uma bruxa natural silenciosa, então sussurro várias vezes, calmamente, minha frase escolhida até que as palavras se tornem um fluxo de som. Eu visualizo esse som sendo direcionado para dentro da pedra.

- Assim que que a energia for absorvida no interior da pedra, ela estará programada com a sua intenção mágica e energizada para este uso.

Cultivando um jardim da bruxa natural

Capítulo 6

O jardim é um elemento importante da prática da bruxa natural. Trabalhar com a natureza nem sempre significa ficar imersa na natureza selvagem. Muitas bruxas naturais modernas estão descobrindo — tanto pela necessidade como pelo desejo de se adaptar às necessidades do mundo moderno — que existem muitos outros métodos para interagir com a energia da natureza. Soluções criativas são necessárias em áreas urbanas. Este capítulo observa como o conceito do jardim funciona no mundo moderno, na realidade da bruxa natural que vive na cidade.

A natureza não é o oposto da civilização. Os dois são ambientes extremos que se complementam. As pessoas precisam de um ambiente seguro para viverem bem, e por isso durante milênios nós alteramos partes da natureza e as organizamos. A cidade não é má, e a natureza não é necessariamente boa. Como a bruxa natural entende isso, parte de seu chamado envolve criar pontes entre o "civilizado" e o "selvagem".

Sempre haverá elementos que você não conseguirá cultivar onde mora. Pouquíssimas pessoas na América do Norte conseguiriam cultivar canela, por exemplo. Você não precisa se esgotar e investir seu orçamento tentando criar uma conexão energética com plantas exóticas que não crescem onde você mora. Faça o que puder, quando puder. Cultivar plantas com energias com as quais você trabalha te oferece uma oportunidade mais adequada de aprofundar a experiência de dialogar e interagir com a natureza.

O poder em um jardim

A prática da bruxaria natural está intrinsecamente ligada ao ciclo da agricultura, que ditou o ritmo das vidas de nossos ancestrais. As sociedades agrícolas da Antiguidade focaram nas mudanças sazonais do solo e das plantações. A preocupação da bruxaria com a fertilidade, a semeadura, o cuidado e a colheita (tanto na prática quanto metaforicamente) está enraizada nessa tradição da agricultura.

Portanto, faz certo sentido que a bruxa natural tenha uma forte conexão espiritual e pessoal com a natureza e a terra. A conexão com a natureza também é prática. O jardim da bruxa oferece uma fonte primária de alimentos, assim como de ingredientes para feitiços e diversos remédios.

Ao trabalhar em um jardim interno ou externo, a bruxa natural está interagindo com a natureza num nível pessoal. Pôr a mão na massa lhe dá oportunidade de sentir fisicamente sua conexão com a natureza. Dá a você o simples prazer de trabalhar em harmonia com o ciclo natural.

Trabalhar com um jardim de qualquer tipo também possibilita que você medite sobre o conceito de harmonia e equilíbrio de formas bem diferentes. Existe um verdadeiro toma-lá-dá-cá de energia no cuidado de um jardim. O tempo e o cuidado que você coloca na manutenção do jardim refletem diretamente na saúde dele e no que você colhe. Assim como quando você resolve um problema em sua vida e outro aparece, o que você faz para cuidar de seu jardim numa semana pode ser diferente do que precisa fazer na semana seguinte. O sol pode ser implacável durante semanas e torrar as suas plantas, e depois uma semana de chuvas copiosas, semelhantes às monções, praticamente afogarão o que você conseguiu salvar. Trabalhar num jardim é uma lição contínua de paciência, aceitação e reconhecimento de que a natureza é um sistema independente, que funciona sem se importar com o que os seres humanos fazem.

A colheita do jardim da bruxa natural

As ervas que você compra são menos poderosas do que as que cultiva? Os temperos que você tem à mão na prateleira da sua cozinha são menos poderosos que os do seu jardim? Isso depende de para quem você pergunta. O trabalho prático permite que a bruxa natural entenda a energia e o poder de uma planta da semente até sua forma desidratada. No entanto, os temperos colhidos e os comprados vieram de uma fonte natural. Por ser prática, a bruxa natural utiliza tudo que tem à mão. Você não precisa colher a planta para poder usar sua energia. Usando as mãos, você entrará em contato com a energia estabelecendo uma conexão pessoal com as ervas compradas. Se quiser algo de fora, pode comprar em um herbanário, em uma loja de artigos esotéricos ou pela internet. Se comprar erva desses locais, use-as apenas para propósitos mágicos; não caia na tentação de fazer um chá, a menos que tenha certeza de que a erva comprada é segura para o consumo.

Um mapa da zona climática de jardinagem pode ser de imensa ajuda no planejamento do seu jardim. As zonas climáticas são determinadas pelas temperaturas máximas e mínimas, o que por sua vez determina quais plantas podem se desenvolver na região.

Em relação a ervas frescas ou secas, a energia é similar, mas de formas diferentes. Pense na energia de uma planta viva como a água corrente; a energia de uma erva desidratada, por sua vez, é como um copo d'água. Enquanto a planta está viva, sua energia flui. Uma vez colhida, a energia da planta é como água em um recipiente: continua sendo água, tem a energia da água, mas a energia está contida em vez de fluir. O que você precisa fazer com a energia da planta ou da erva, e onde ou como precisa fazer o seu trabalho, te ajudará a decidir se usará ervas frescas ou secas. Para fazer um sachê, por exemplo, não é uma boa ideia usar plantas frescas, pois as folhas irão mofar e apodrecer.

Planejando seu jardim

A bruxa natural urbana encara vários desafios na hora de começar um jardim e criar um espaço pessoal no qual possa comungar com a natureza. Numa cidade ou no subúrbio, muitas pessoas não têm um espaço ideal onde possam cultivar um jardim. Se você não tem uma faixa de terra em algum ponto próximo da sua porta de entrada, ou se mora num apartamento e não tem terreno algum, você pode se surpreender e descobrir que, na verdade, há várias opções. Verifique com a prefeitura da sua cidade ou com a secretaria de meio ambiente se a sua cidade estimula a criação de jardins públicos. Você pode se inscrever para ser responsável por um desses pontos de jardinagem, que, geralmente, são cercados e protegidos; às vezes o uso é gratuito ou são cobrados aluguéis a baixos preços. Você pode ter que se deslocar até ele, mas pode plantar o que quiser dentro dos parâmetros legais.

Se preferir algo mais próximo da sua casa, pode criar um jardim na sua varanda ou na janela. Um jardim em vasos é a resposta da bruxa natural ao desafio do espaço limitado e à vida nas alturas de um apartamento. Uma das coisas maravilhosas de um jardim numa sacada, varanda ou janela é que se os vasos ou as plantas forem pequenos o suficiente para serem movidos com facilidade, você sempre pode rearranjá-los.

Faça anotações em seu diário sobre como as plantas reagem bem à iluminação e ao ambiente escolhidos para o espaço do seu jardim. Também registre a evolução de seu jardim ao longo das estações. No ano seguinte, você pode criar um jardim mais bem-sucedido ou experimentar algo novo.

Você tem muitas opções para fazer um jardim em vasos. Pode colocar uma jardineira na janela pelo lado de dentro do peitoril, pendurar uma jardineira pelo lado de fora da janela ou cultivar as plantas em vasos em sua varanda ou sacada. Uma boa regra é usar vasos pequenos em ambientes pequenos. Você pode agrupá-los para criar um arranjo maior, mas plantas grandes tendem a tomar espaço das pequenas. Por isso, não encha vasos pequenos com plantas de folhas largas, que também vão dominar o espaço. O que você conseguirá plantar nesses recipientes vai depender de vários fatores. Aqui estão algumas perguntas que você deve se fazer antes de começar a plantar.

- **Qual será o propósito do seu jardim?** Você pretende cultivar ervas e vegetais para cozinhar e comer? O seu jardim será um refúgio pacífico, sua conexão com a natureza, seu lugar de poder? Se você planejar muito bem, pode criar um espaço sagrado onde consiga realizar seu diálogo de bruxa natural com a natureza. Regar, remover ervas daninhas e cuidar de uma jardineira pode ser tão gratificante quanto se sentar no meio de um parque público.
- **Quando você usará o seu espaço?** Você vai cuidar da jardinagem ou aproveitar seu espaço durante o dia ou à noite? Como algumas plantas desabrocham e liberam seu perfume após o anoitecer, a escolha das plantas pode refletir os seus horários.
- **Seja realista: quanto tempo você dedicará à manutenção do seu jardim?**
- **Quanto pretende gastar?**
- **Você quer que o seu jardim reflita o estilo do restante da sua casa?** Você quer algo muito diferente para contrastar com seu estilo?

Responda a essas perguntas e faça uma lista do que você pretende alcançar com a jardinagem. Isso te ajudará a escolher qual tipo de jardim cultivar.

Uma vez definido o propósito do seu jardim, você pode começar a pensar em como criá-lo. Faça uma lista de desejos com todas as plantas com as quais gostaria de trabalhar. O propósito do jardim te ajudará a desconsiderar certos tipos de plantas e a focar em outras. Descubra a zona climática ideal para cada planta que quiser cultivar. Alguns nomes serão riscados da sua lista de desejos porque você não mora num lugar com o clima adequado. Pesquise sobre as plantas que ficaram na sua lista. Algumas serão fáceis de cultivar, outras serão desafiadoras e exigirão sua energia. Delimitar o tempo e a energia que você tem para se dedicar ao jardim vai eliminar outras plantas da sua lista. Em seguida, considere a altura e o diâmetro médio das plantas que você quer. Você terá que desconsiderar algumas porque elas serão muito altas ou largas para os vasos da sua varanda ou sacada. Lembre-se, seus vasos precisam ser largos o bastante para acomodar as raízes das plantas que você planeja cultivar neles.

A luz e o clima são dois outros aspectos importantes de trabalhar com um pequeno jardim em vasos. Quanto da luz do sol o espaço que você escolheu para o seu jardim recebe durante o dia? Ele está voltado para quais pontos cardeais? Se estiver voltado para o sul, prefira espécies que gostem de sombra; se estiver voltando para o leste, seu jardim receberá o sol do início da manhã; se estiver voltado para o norte, preste bastante atenção para garantir que o sol não seque e torre uma das suas plantas; se estiver na direção oeste, seu jardim será beneficiado pelo sol mais suave da tarde. Se você mora no segundo andar, ou mais acima, o vento será mais intenso, o que pode ser destrutivo para algumas de suas plantas. As espécies mais delicadas precisarão de abrigo. Se você cultivar plantas perenes, precisará protegê-las durante o inverno ou durante o período em que sua folhagem cai.

A luz artificial é outro elemento a considerar. Se pretende gastar grande parte do seu tempo no jardim durante a noite, pode querer colocar um sistema de iluminação especializado que permita que você veja suas plantas com clareza. Pendurar lanternas pode criar uma atmosfera serena e relaxante, mas tenha sempre a segurança em mente: se usar velas ou lâmpadas a óleo, mantenha os pavios baixos e as chamas bem protegidas do vento. Use apenas lanternas projetadas para o uso em ambientes externos e mantenha-as longe de qualquer material inflamável.

Dicas na hora de plantar

A bruxa natural urbana não costuma ter muito espaço. Embora germinar sementes e replantar os brotos em vasos em ambientes externos sejam uma forma maravilhosa de forjar uma conexão com seu jardim desde os primeiros movimentos da vida, pode ser desafiador. Tente. Se nada brotar, não se desespere. Não é vergonha comprar mudas aclimatadas em um horto ou em uma casa de jardinagem e plantá-las em seus vasos.

Use terra de boa qualidade. Para facilitar a drenagem, misture outro substrato com o solo, como musgo esfagno, e forre a base do seu vaso com pedrinhas. A terra normal para jardins não é adequada para o uso em vasos. Jardins em vasos precisam de solos ricos em nutrientes, porque há pouca terra no recipiente. Se você só encontrar terra de jardim disponível, então misture com partes iguais de areia e musgo esfagno. Pergunte na loja sobre fertilizantes para plantas em vasos a fim de manter um alto nível de nutrientes para as suas plantas. Usar fertilizantes não é trapaça; é nutrir suas plantas em um ambiente incapaz de fazer isso por conta própria.

A manutenção regular é a chave para obter um jardim em equilíbrio. Observe suas plantas todos os dias. Procure por folhas amareladas, folhagem murcha, flores mortas. Limpe as áreas mortas e regue as plantas. Vasos de argila são porosos e perderão água mais rápido que os feitos de plástico. Gire os vasos para que todos os lados da planta recebam luz igualmente. Estar atenta à situação do seu jardim te permite perceber pequenas estranhezas antes que elas se tornem problemas.

A frequência com que você rega o jardim depende do clima, do tamanho dos vasos e de que tipo de plantas você cultiva. Os vasos tendem a não reter muita água porque há muita terra neles. A água evapora rápido ou é absorvida pela planta. Uma boa regra é regar num intervalo de poucos dias, a menos que esteja muito quente. Nesse caso, regue diariamente. Se carregar regadores ou jarras de água pesadas for difícil para você, considere acoplar uma mangueira na pia da sua cozinha.

Cuidando naturalmente do seu jardim

Existem diversas formas de cultivar um jardim naturalmente. No fim das contas, a ideia de usar agentes químicos para estimular o crescimento do seu jardim ou para matar insetos invasores é contrário ao caminho da bruxa natural. Aqui estão algumas dicas de métodos naturais que aumentam as benesses do seu jardim.

Compostagem

Compostagem é a prática de devolver matéria orgânica para a terra e adicionar seus nutrientes ao solo. Em geral, as pessoas pensam na compostagem como algo feito por donos de grandes extensões de terra, mas ela consiste tradicionalmente em criar uma pilha de compostagem num canto do quintal, ou seja, os habitantes da cidade também podem fazê-la de um jeito diferente. A vermicompostagem, uso de minhocas para decompor a matéria orgânica, é uma opção. Composteiras domésticas podem ser compradas pela internet ou encontradas em lojas ecológicas e hortos. Uma opção mais fácil e barata é uma lixeira de compostagem. Você pode colocar a lixeira num espaço externo, o que moradores de apartamento preferem, mas se não tiver uma varanda, pode colocá-la num canto escuro da sua cozinha ou na área de serviço.

A compostagem necessita de três coisas: calor, escuridão e nutrientes. O calor é obtido colocando a lixeira perto de uma parede da varanda ou posicionando-a sob o armário da pia dentro de casa. Consegue-se a escuridão escolhendo uma lixeira feita de material opaco e que possa ser bem fechada. Os nutrientes vêm de vegetais bem cortados e cascas de frutas. Nunca coloque carne ou qualquer substância com gordura em sua lata de compostagem. Elas irão se decompor, é verdade, mas o cheiro será terrível e vai desequilibrar o composto que você está criando, podendo atrair insetos. Você pode usar folhas de chá (rasgue os saquinhos se você não fizer chá diretamente com as plantas), borra de café, cascas de ovos, restos de frutas e vegetais, folhas e flores mortas retiradas de suas plantas domésticas e de seu jardim.

O recipiente ideal para compostagem é uma lixeira de plástico ou um grande pote opaco fechado hermeticamente. Forre o fundo do recipiente com folhas mortas, então acomode seu primeiro monte de restos de comida e acrescente um pouco de água. Mexa com um bastão e feche a lata de lixo. A tampa vai conter a umidade no interior conforme a comida começa a se descompor, mas é uma boa ideia de vez em quando "regar" seu composto para mantê-lo úmido (mas não molhado). A cada semana acrescente um pouco mais de matéria seca, como terra, para garantir um bom equilíbrio entre carbono e nitrogênio. Toda vez que você adicionar mais cascas, dê uma mexida no composto para misturar os ingredientes novos e antigos. De vez em quando use uma pá pequena ou uma colher de pedreiro para dar uma mexida geral e arejar o solo. Em mais ou menos três meses seu composto estará pronto para o uso. Coloque um pouco sobre a terra de cada um dos seus vasos e plantas domésticas. Deixe um pouco na sua lixeira para começar a próxima porção.

Se estiver com medo de mau cheiro, não se preocupe. Boa compostagem tem um odor adocicado e agradável enquanto se decompõe. Para evitar os cheiros fortes de decomposição, mexa a compostagem com mais frequência.

O chá de compostagem é feito filtrando água pela compostagem. O processo produz um líquido rico em nutrientes que você pode usar para regar suas plantas domésticas ou borrifar na folhagem de uma jardineira para ajudar a fertilizar e a protegê-las, tanto acima como sob a terra. Para fazer um chá simples de compostagem:

1. Encha um balde com o composto, de um terço a metade da capacidade, sem pressionar o conteúdo. Dê algumas mexidas na mistura com uma pá pequena para arejá-lo e quebrar quaisquer torrões.

2. Despeje água morna (não pode ser quente nem fervendo) sobre o composto e deixe-o repousar por dois ou três dias.

3. Filtre a água marrom que resulta deste processo em outro balde ou recipiente.
4. Deixe que a matéria seque de volta ao estado úmido habitual antes de recolocá-la na lata de compostagem.

Você pode usar o chá marrom de compostagem para regar suas plantas ou para borrifar a folhagem e combater pragas, doenças e danos causados pela poluição. Nunca beba o chá de compostagem, não é adequado ao consumo humano.

Poluição do ar

Vivendo na cidade, a bruxa natural pode ser exposta a altos níveis de poluição do ar. A poluição pode criar problemas respiratórios, é claro, mas também deixa uma camada de sujeira em todo lugar. Não é só a sua janela que fica suja e suas paredes que ficam encardidas com o tempo, o seu jardim também sofre com isso. As folhas podem amarelar e murchar, o crescimento pode ser mais lento e as plantas se tornam fracas. Seja amorosa com suas plantas. Limpe a sujeira que se acumula como resultado da vida na cidade. Se você tiver a sorte de ter um pequeno espaço num jardim comunitário, regue-o regularmente. Use um borrifador com chá de compostagem para ajudar a fertilizar as plantas e contra-atacar os danos que a poluição do ar pode causar.

Insetos e outras pragas

Se você estiver trabalhando num jardim urbano em vasos, provavelmente nunca terá que se preocupar com cervos ou coelhos mordiscando suas mudas até deixar apenas um caule despontando do chão. Contudo, ainda terá que se preocupar com insetos.

Se o seu jardim em vasos é o refúgio de insetos urbanos comuns, então queimar velas de citronela na área é uma forma de ajudar a diminuir a população de insetos. Se suas plantas desenvolvem infestações de alguns insetos específicos, existem algumas coisas amigáveis à prática da bruxa natural que você pode fazer. Você não precisa recorrer a inseticidas químicos. Usá-los num jardim doméstico é um exagero, além disso, existem alternativas menos agressivas e mais baratas.

Tente um inseticida natural. Faça um extrato de alho, cebola ou pimenta vermelha. Coloque três colheres de sopa (mais ou menos 42 gramas) desses vegetais e pique bem ou bata no liquidificador com um pouco de água. Acrescente mais duas xícaras de água na mistura e deixe-a de molho durante a noite ou por um dia inteiro. Filtre e dilua a solução para obter 1 litro de líquido e o coloque num borrifador. Teste-o numa folha de uma planta atacada; se a folha reagir mal, dilua um pouco mais a solução e teste novamente.

Em circunstâncias extremas, você pode usar uma mistura de uma parte de alvejante para quatro partes de água para eliminar pragas persistentes. Borrife-a sobre a folhagem e o caule da planta, mas não molhe a terra. Enxague bem com água limpa. Fica mais fácil se você colocar uma sacola plástica ou outra proteção sobre a terra e o vaso, ou inclinar o vaso para que os resíduos da lavagem não caiam na terra.

Quando você borrifar, não importa o quê, lembre-se de algumas práticas de segurança:

- Sempre use luvas, de preferência longas, e uma máscara quando borrifar inseticidas, até mesmo os naturais. Alho, cebola e pimenta vermelha podem irritar suas mucosas. Se você inalar o spray, ele pode provocar dor e irritação na garganta e nos pulmões. Não borrife se houver uma brisa forte ou vento. Espere por um dia calmo.

- Não borrife durante o momento mais quente do dia. Faça isso nas primeiras horas da manhã ou espere até de noite.

- Sempre faça testes em pequenas áreas de cada planta antes de borrifar nela inteira. Assim você pode verificar a força do spray e também a reação da planta a ele.

- Nunca borrife todas as plantas indiscriminadamente. Esses sprays não são preventivos para diversas finalidades. Eles servem para combater um alvo específico. Também matam insetos e micróbios benéficos que vivem entre as suas plantas.

Encha sua casa de plantas domésticas

Se criar plantas num ambiente externo for um cenário impossível, ou se você quiser encher sua casa de verde, tente plantas domésticas.

Quando trouxer uma nova planta doméstica para sua casa, certifique-se de fazer uma purificação suave para ajudar a aclimatá-la à energia do seu lar. Isso também removerá qualquer negatividade que tenha se associado a ela. Você pode também fazer isso para plantas de ambientes externos, embora não seja necessário porque plantá-las na terra ajuda a estabilizar a energia que se agarra a elas. Você pode fazer uma purificação suave passando sua mão sobre a planta e mantendo sua palma e dedos a uma distância de 2 cm da folhagem. Visualize qualquer energia preta ou cinzenta que você venha a perceber sendo removida da planta. Balance a mão como se estivesse dispersando gotas de água e espante a energia negativa. Se estiver preocupada da energia negativa afetar o equilíbrio da sua casa, purifique as plantas novas antes de trazê-las para dentro. Se fizer a purificação dentro de casa e se sentir desconfortável, queime um incenso purificador na sala. Lembre-se, você não é capaz de remover a energia básica de um objeto, então não se preocupe com a possibilidade de remover a energia positiva da planta.

Para dar as boas-vindas à planta em sua casa, abençoe um jarro de água com os dizeres a seguir, então use a água para regá-la:

> *Espíritos da Terra, da Água, do Fogo e do Ar,*
> *Peço que vocês abençoem essa água.*
> *Concedam a ela força, proteção e paz*
> *E que as plantas que a beberem sejam*
>   *igualmente abençoadas.*

Dê à nova planta o quanto for necessário desse líquido abençoado. Use o restante para regar as demais plantas da sua casa.

Algumas considerações

Escolher quais tipos de plantas domésticas trazer para sua casa é tão importante quanto escolher as plantas que você cultiva do lado de fora. Leve em consideração quanto tempo e energia você pode dedicar ao cuidado das plantas. Pense na luz que enche a sua casa, a direção de onde ela vem e qual sua intensidade. Pense no quanto a sua casa é seca ou úmida, no quanto ela é iluminada. Todos esses fatores têm um grande impacto nas plantas que você consegue cultivar com sucesso dentro de casa. Pense também no tamanho de seus cômodos. Plantas domésticas são limitadas pelo tamanho de seus vasos, e cultivar espécies maiores pode exigir vasos maiores.

Pense sobre a energia da planta. Como ela vai se adequar e interagir com o fluxo de energia que já está estabelecido em sua casa? Avalie a energia da planta colocando as mãos sobre ela, sentindo-a (veja os exercícios para explorar a energia no capítulo 3). Quando tiver sentido a energia da planta, será capaz de julgar se ela vai se adaptar à energia de sua casa ou não.

Por último, é importante lembrar que, como todas as plantas, as domésticas absorvem energia negativa. No entanto, como estão envasadas elas não conseguem transformar a energia com o mesmo sucesso que as plantas que estão na terra. Seja gentil com suas plantas caseiras. Dê a elas o fertilizante apropriado, mude-as de vaso antes de ser necessário e purifique-as com regularidade. Se você as negligenciar, elas morrerão por causa da energia negativa acumulada. Se todas as suas plantas domésticas parecerem adoecidas, isso pode ser uma mensagem de que chegou a hora de você fazer uma limpeza e uma purificação completas em toda a casa.

Criação e arte na magia da bruxa natural

Capítulo 7

Os saberes mágicos baseados no mundo natural são parte central do conhecimento na prática da bruxaria natural. Este capítulo examina as aplicações práticas e mágicas, feitiços e artefatos que combinam vários elementos do mundo natural, além de dicas para sua preparação e seu armazenamento.

Ao escolher as ervas e outros elementos naturais que você pretende usar em seus artefatos, é essencial pesquisar bem a planta, suas propriedades mágicas e medicinais. Leia cuidadosamente os métodos recomendados de preparação em seus livros de referência e preste muita atenção às notas e precauções. Certas ervas, por exemplo, são seguras para uso externo, mas são tóxicas se ingeridas. Se você pretende queimar matéria vegetal, verifique se é seguro inalar a fumaça. Descreva em seu diário da bruxa natural todas as ervas que decidir usar, e se houver algo a ser lembrado, acrescente as observações no seu registro. Se estiver fazendo um preparado de ervas para outra pessoa, se informe a respeito de alergias e sensibilidades de antemão, e escreva uma lista completa de ingredientes para que a pessoa tenha um referencial.

Prepare ervas

Confira seu estoque de ervas e plantas anualmente para saber o que está faltando e o que estragou. Ao colher matéria vegetal, sempre se assegure de saber qual parte da planta colher, se deve usar folhas, caules ou raiz. Nunca colha uma planta inteira. Nunca arranque pelas raízes e leve a planta inteira para casa. Pegue apenas o que você precisa e certifique-se de que seja menos de um quarto do que está disponível. Na colheita, menos é mais. Nunca presuma que você deve manter um grande estoque de alguma coisa. É improvável que você use tudo, e vai acabar jogando grande parte fora. A maioria dos projetos e amuletos da bruxa natural precisa apenas de pitadas ou uma colherada de uma erva. É essencial registrar em seu diário da bruxa natural o que está colhendo, onde foi coletado, a data e o quanto você pegou.

Se você não estiver usando matéria vegetal fresca, ela deve ser desidratada antes de ser armazenada. Antes de desidratar, lave, limpe e espane qualquer sujeira. Para secá-las ao ar livre, coloque as folhas e flores sobre uma tela ou gaze e permita que elas sequem numa área bem ventilada. Você também pode agrupar os caules juntos com um elástico ou barbante e pendurá-los dentro de casa em um lugar seco e com boa circulação de ar, sem exposição direta à luz do sol. Coloque um papel com nome da planta junto com o molho para ajudar a identificar as ervas depois de secas. Não deixe um molho de erva pendurado por muito tempo. Para protegê-lo da poeira, ou se o caule tiver sementes ou partes frágeis que possam cair conforme a planta seca, coloque-o num saco de papel e amarre-o pelos talos antes de pendurar para secar. Para preparar as ervas para o armazenamento, retire as folhas do caule em cima de um jornal, lençol ou pano limpo.

Você também pode desidratar matéria vegetal no forno. Corte bem os caules, então espalhe os pedaços de talos, folhas e flores em uma única camada numa assadeira coberta de papel-manteiga em um forno levemente aquecido. Vá acompanhando o processo e retire o que estiver pronto, deixando o restante até secar.

Recipientes opacos são os melhores para guardar ervas. Potes de cerâmica com tampas bem vedadas e vidros escuros são ideais. Mantenha uma variedade de recipientes de vários tamanhos por perto. Lojas de itens de cozinha são uma ótima fonte de jarras, tigelas, latas, almofarizes e outras parafernálias úteis para a bruxa natural. Você também pode investir em uma tábua de corte, se quiser, e em facas para serem usadas apenas no seu trabalho de bruxa natural.

Se deseja usar em outro momento ervas como alecrim e menta frescas, pode guardá-las na geladeira. Para um armazenamento de curto prazo você pode colocar as folhas mais resistentes num saco de papel, dobrá-lo e colocá-lo na geladeira. Anote o nome da erva, a data e onde ela foi colhida no saco. Para preservar as ervas por mais tempo, lave-as com água fria, seque-as com uma toalha de papel, pique-as bem e as espalhe numa assadeira. Coloque a assadeira no freezer até que as ervas congelem e então coloque-as em saquinhos vedados no congelador. Este método mantém as folhas separadas. Identifique os sacos claramente com os nomes das plantas, a data e onde você as colheu. Para usar, apenas abra o saco e retire o que você precisa. Se as folhas e flores congelarem juntas, retire a massa e corte o que for precisar com a faca. Para congelar porções individuais para sua cozinha mágica, pique as ervas com cuidado e ponha uma colher de chá ou de sopa nos compartimentos da forma de gelo. Coloque um pouco de água em cada compartimento e congele. Quando os cubos de gelo estiverem prontos, retire-os da forma e coloque em sacos vedados. Mais uma vez, não se esqueça de registrar as informações necessárias nos sacos.

Lembre-se de que quando você colhe matéria vegetal, uma troca de energia é necessária. Isso significa que você precisa oferecer algo em troca pelo que está retirando. Leve uma garrafa de água com você e ofereça um pouco para a planta quando colher algo dela. Agradeça à planta por sua gentileza de compartilhar.

Extraia a energia das ervas

Ervas e partes de plantas geralmente são preparadas para o uso numa infusão, o que você deve conhecer como chá. Chás não são usados apenas como bebidas, por isso livros sobre magia e práticas espirituais usam a palavra "infusão". Neste livro, se eu usar a palavra "chá" estou me referindo a algo que você vai beber; se usar a palavra "infusão" estou falando de um líquido que vai ser usado de outra forma.

A preparação básica, conhecida como "simples", usa uma única erva. Esse é o melhor jeito e o mais fácil de acessar a energia de uma planta individual e o mais seguro para testar os efeitos de novas ervas. Os quatro métodos a seguir explicam como extrair e preservar as energias e os benefícios de várias ervas:

1. **Infusão** é o processo no qual folhas e/ou flores são imersas em água por um período, em determinada temperatura. Conforme a água esfria, a matéria vegetal é encharcada. É uma técnica gentil que possibilita que a água extraia os benefícios e as energias da frágil matéria vegetal. Uma infusão cria a extração mais sutil.

2. **Decocção** é um processo no qual a matéria vegetal mais densa é cozida em água por um tempo determinado. Esta técnica é usada em raízes e cascas. A decocção provoca uma extração um pouco mais forte.

3. *Enfleurage* é um método pelo qual óleos e energias são extraídos da matéria vegetal ao mergulhar as ervas em óleo ou gordura, seja aquecido ou em temperatura ambiente. O resultado é o óleo essencial, se for aquecido, ou uma pomada, se o resultado for sólido. A intensidade do seu óleo varia de acordo com o tempo que suas plantas estiveram saturadas e a frequência com que você trocou a matéria vegetal esgotada por outra mais fresca. Sem equipamento profissional, é difícil fazer óleo essencial em casa como os dos perfumistas, com aromas intensos. Embora o aroma seja um elemento estético importante, sua força não necessariamente corresponde ao quanto de energia é captada pelo óleo essencial. Portanto, um óleo mágico pode não ter um cheiro forte. Óleos essenciais são apenas

para uso tópico. (Para evitar doenças sérias e envenenamento acidental, nunca use óleos essenciais feitos em casa; apenas óleos essenciais do tipo medicinal feitos por empresas de boa reputação.)

4. **Maceração** é o processo no qual a matéria vegetal é imersa em um solvente como vinagre, álcool ou glicerina. O resultado é chamado de tintura. Tinturas costumam ser usadas para propósitos medicinais, comumente acrescentando algumas gotas num copo d'água ou numa colher de mel, e ingerindo. Tinturas também podem ter usos mágicos. Uma tintura dura mais anos do que uma erva seca. Uma planta desidratada perde sua potência mágica e sabor depois de um a três anos; já a tintura preserva o extrato da erva.

Outros preparados com ervas

Na medicina e na magia, existem várias formas de aplicar a energia das ervas. Os quatro métodos descritos anteriormente resultam em líquidos de viscosidades diferentes. Para usar esses líquidos de outras formas que não sejam derramá-los ou bebê-los, eles podem ser combinados com outras bases para criar materiais mais flexíveis. Misturar esses líquidos com outras bases pode resultar nas seguintes possibilidades:

- **Pomadas** são criadas misturando cera de abelha e um extrato líquido, em geral um óleo, então permitindo que a mistura esfrie. Infusões e decocções são quase inúteis para preparar pomadas porque não são fortes o suficiente para carregarem a energia ou o extrato necessários. Pomadas podem ser esfregadas no corpo ou num objeto.

- **Linimentos** são líquidos geralmente feitos com base de álcool. Um linimento é feito para ser esfregado de forma vigorosa no corpo.

- **Sabões** podem ser feitos misturando seus extratos líquidos com uma base de gordura elaborada para remover a sujeira de superfícies, permitindo que elas sejam lavadas. Sabões mágicos são particularmente interessantes porque eles também fazem com que a energia negativa se solte de um objeto e permite que ela seja lavada. Um sabão mágico remove as energias indesejáveis e preserva aquelas que queremos por perto.

Abençoe suas criações

Embora tudo tenha uma energia inata e você energize cada preparação ou utensílio mágico que crie com a sua intenção, às vezes é bom aprimorar e selar algumas energias juntas. Realizar uma bênção elemental num objeto pode ajudar a dedicá-lo a um propósito que você tenha em mente. Isso também envia um sinal para sua psique de que seu trabalho está encerrado e agora o objeto desempenha a função para a qual foi designado.

Bênção elemental

Esta bênção pode ser realizada como etapa final de qualquer projeto, item ou objeto novo que serão colocados num santuário. Na essência, este ato purifica o objeto e então o abençoa com energia positiva.

A bênção a seguir foi escrita com a premissa de que o objeto que você abençoará é pequeno o suficiente para ser segurado em suas mãos. Se não for, coloque-o perto do seu local de trabalho e ajuste suas ações de acordo.

Se você limpou o objeto que vai abençoar com antecedência, ou se o energizou, pode pular do passo 2 para o 6.

- 1 prato pequeno com sal ou terra (ou um cristal pequeno ou uma pedra)
- 1 palito de incenso num incensário ou um incenso de ervas e um carvão próprio para incenso num prato resistente ao calor
- 1 vela num castiçal
- 1 tigela pequena com água
- Fósforos ou isqueiro
- Objeto a ser abençoado

1. Arrume cada símbolo elemental em seu espaço de trabalho, num quadrado ou em fila. Acenda o incenso e a vela. Respire fundo três vezes para aliviar o estresse e se concentrar na sua tarefa.

2. Pegue o objeto com uma das mãos e coloque-o sobre seu espaço de trabalho, diante de você. Com a outra mão, pegue uma pitada de sal ou terra e salpique e sobre o objeto (ou pegue o cristal ou a pedra com a mão e passe pelo objeto), dizendo: *Pela terra eu limpo você.*

3. Pegue a vela e passe pelo objeto em sentido anti-horário, dizendo: *Pelo fogo eu limpo você.*

4. Pegue o incenso e passe pelo objeto em sentido anti-horário, dizendo: *Pelo ar eu limpo você.*

5. Ponha os dedos na água e salpique-a sobre o objeto, dizendo: *Pela água eu limpo você.*

6. Feche os olhos, respire fundo três vezes e se concentre no objeto.

7. Pegue outra pitada de terra ou sal e espalhe sobre o objeto (ou toque-o com a pedra ou cristal), dizendo: *Você é abençoado pela terra.*

8. Passe o objeto pela chama da vela, com atenção para não se queimar nem queimar o objeto, dizendo: *Você é abençoado pelo fogo.*

9. Passe o objeto pela fumaça do incenso, dizendo: *Você é abençoado pelo ar.*

10. Coloque os dedos na água e salpique-a sobre o objeto, dizendo: *Você é abençoado pela água.*

11. Segure o objeto no ar ou, se for muito pesado, coloque suas mãos sobre ele e diga: *Peço ao Espírito Verde do Universo que abençoe este objeto em nome da Terra e de toda a Natureza.*

Faça incensos de ervas

Se você usa incenso em forma de varetas, está familiarizada com a fumaça adocicada e suave que surge ao acender a extremidade, assoprar delicadamente a chama e colocar o incenso para repousar num incensário para arder lentamente.

O incenso de ervas é uma experiência muito diferente. É um método maravilhoso para experimentar as benesses da natureza. Quando você faz seu próprio incenso de ervas, pode misturar e reunir os tipos de energias mágicas que deseja ativar ao mesmo tempo, ajustando-as ao seu objetivo específico. Você pode fazer muito ou pouco, como quiser, energizando a mistura com sua energia pessoal.

O incenso herbário deve ser feito sempre com ervas secas. As plantas frescas não vão queimar e vão apodrecer na sua tentativa de armazená-las. Se uma única amostra de erva que você quiser usar na sua mistura estiver fresca, então espalhe a erva numa assadeira e coloque-a num forno morno, observando com atenção. Uma alternativa é espalhar a erva em uma única camada sobre uma toalha de papel e colocá-la no micro-ondas por trinta segundos em potência alta. Confira para ver o quanto a porção está seca. Você pode deixar por outros dez segundos para secar ainda mais. Algumas bruxas naturais, preocupadas que as micro-ondas prejudiquem a energia, ficam horrorizadas diante da ideia de colocar suas ervas nesse eletrodoméstico, e outras não têm o menor escrúpulo de usar um equipamento moderno como o micro-ondas, o espremedor de sucos ou o moedor de café elétrico para preparar seus suprimentos mágicos. A escolha é sua. Como uma bruxa natural, use o que tiver ao seu alcance, desde que se sinta confortável.

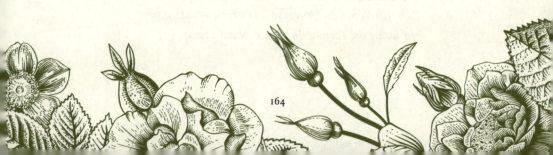

Teste suas ervas

Antes de misturar seu incenso de ervas, é importante pesquisar e descobrir quais ervas e flores são as melhores para a sua receita. Antes de misturar e queimar qualquer erva, é importante se informar sobre a toxicidade de cada planta. Se é venenosa para tocar ou comer, há chances de a fumaça também ser tóxica para inalar. Não se arrisque.

Quando tiver uma breve lista de ervas que gostaria de usar no seu incenso mágico, separe uma hora ou duas para acender seu carvão próprio para incenso e jogue uma pequena pitada de cada erva separadamente na superfície incandescente. Queimar ervas secas não produz o mesmo aroma que queimar ervas frescas. Na realidade, cheira como uma variação de queimar folhas ou aparas de grama. Testar cada erva separadamente dará uma ideia de como é o odor de cada uma. Conforme a amostra queima, tome notas em seu diário da bruxa natural sobre o cheiro e a densidade da fumaça; observe a velocidade com que a erva é consumida e que tipo de energia você sente enquanto ela arde. Também anote como você reage fisicamente à erva. É melhor descobrir antes num teste que você não reage bem a certa erva do que quando está fazendo seu uso mágico.

Depois de testar cada erva, você estará pronta para trabalhar com proporções. Quer usar mais de uma erva e talvez só uma pitada de outra? Grande parte do trabalho da bruxa natural é intuitivo, o que significa que você pode se sentir atraída por algumas coisas sem ter informações embasadas ou argumentos que fundamentem seus sentimentos.

Resinas

Uma das grandes verdades sobre o uso de incensos herbais é que eles não costumam ter o aroma adocicado de incensos comprados em lojas. Acrescentar resina em uma porção igual à sua mistura de ervas não só vai melhorar o tempo que o incenso leva para queimar, mas também fornece uma nota de base mais agradável para o seu incenso. Resinas foram usadas por séculos em várias culturas como oferendas com aromas doces queimadas para os deuses. Elas carregam várias associações mágicas, assim como as ervas.

Antes de adicionar uma ou mais resinas para sua mistura, deixe um grão ou uma pequena pitada cair sobre o carvão para conhecer o cheiro da resina. Enquanto ela derrete no carvão, faça anotações em seu diário sobre a densidade da fumaça que ela produz, a energia que ela dispersa e como ela te faz sentir. (Veja as instruções de como usar os carvões próprios para incensos mais adiante neste capítulo.)

Embora determinadas energias sejam o objetivo primário na magia da bruxa natural, a estética também é importante. Para essa finalidade, aconselho usar mais de uma das resinas a seguir como base para o seu incenso de ervas (lembre-se de que a quantidade de resina deve ter a mesma proporção que a quantidade total de matéria vegetal).

Copal

Essa resina vem em vários tons de branco, dourado e preto e cada tipo tem um cheiro característico. A copal dourada é a mais comum, e se você pegar um pacote rotulado apenas como "copal" provavelmente é o que vai ver. A copal é seiva cristalizada da *Bursera odorata* e tem um odor atraente que faz uma base excelente para misturas de incenso com ervas leves. Esta resina carrega uma energia boa para amor, bênçãos do lar, consagrações, meditação, proteção, energia solar e criação de espaços sagrados.

Olíbano

Uma das resinas mais populares, o olíbano de tom dourado é a seiva solidificada da árvore *Boswellia carterii*, e é também chamado de franquincenso. Tem um aroma adocicado e apimentado que o torna uma base excelente para qualquer incenso herbal de amplo espectro. O olíbano é associado à santidade, purificação, meditação, proteção, alegria, celebração, energia solar e consagração.

Mirra

Outra resina comum, a mirra tem um tom amarronzado e um aroma mais intenso e ligeiramente agridoce. Ela vem da *Commiphora myrrha*, a árvore mirra, e carrega associações mágicas com santidade, honrar os mortos, mundo espiritual, purificação e cura. A mirra potencializa qualquer incenso herbal; adicionar um grão ou dois já é o bastante.

Benjoim

Esta resina cinzenta é muito encontrada em forma de pó. Ela vem da árvore *Styrax benzoin* e tem um aroma leve, limpo e meio adocicado. É excelente para purificação, cura, prosperidade e atração em geral.

Estoraque

Também conhecida como âmbar líquido, esta resina escura é mais macia e terrosa do que as listadas anteriormente. Ela vem da árvore *Liquidambar styraciflua*. É excelente para cura e aterramento.

Sangue de dragão

Esta resina é a seiva petrificada de uma palmeira conhecida como *Daemonorops draco*, ou dragoeiro. É um dos ingredientes-chave para lubrificar um violino. É bastante pegajosa e vai grudar nos seus dedos e ferramentas. Sangue de dragão é muito usada para proteção, purificação, além de acrescentar um poder extra a feitiços com diversos propósitos.

Sândalo

Misturado com frequência em incensos de ervas ou usado como base, o sândalo não é bem uma resina, e sim uma madeira triturada ou em pó. Disponível nas variedades vermelho (*Adenanthera pavonina*) e branco (*Santalum abum*), o sândalo é associado à espiritualidade, purificação, meditação, paz, cura e proteção.

Normalmente, as resinas são vendidas em pacotes por quilo, em grãos maiores ou em lascas. Em geral, é melhor usar resina em pó antes de misturá-la com os ingredientes vegetais. Isso significa triturar uma parte com seu pilão e almofariz (a madeira não é eficiente para triturar resinas) ou usar um pequeno moedor de café reservado apenas para triturar ervas e resinas. As resinas moídas serão melhor incorporadas às ervas secas e produzem uma queima mais suave.

Misturando o incenso de ervas

Quando você elaborar uma receita para um incenso herbal, pense no propósito para criá-lo e selecione uma combinação de ervas e resinas que vai ajudar seus objetivos com suas energias. Por exemplo, um incenso de prosperidade pode incluir uma parte de benjoim como resina de base e uma parte de folhas secas de menta, manjericão e canela, pois todas são associadas à prosperidade. Assim como outras bruxas, as naturais geralmente gostam de trabalhar com múltiplos de três em suas quantidades de ingredientes. Você pode gostar de trabalhar com um múltiplo de quatro para honrar os quatro elementos. Contudo, não existe regra fixa em relação a quantas resinas e ervas usar num incenso; use o quanto você sentir que deve usar. Mas lembre-se de que mais nem sempre é melhor.

Os passos básicos para misturar um incenso de ervas são simples. Se necessário, moa a resina até que os pedaços se tornem grãos menores. Tenha o cuidado de não moê-los demais, ou o calor produzido pelo pilão e o almofariz ou pelo moedor de café pode deixar a resina pegajosa. Esmigalhe ou triture as ervas secas e coloque-as num pote junto com a resina. Não se esqueça de escrever a receita final em seu diário, junto do propósito mágico e a data em que fez a mistura, e etiquete o recipiente.

Para melhorar ainda mais o seu incenso, acrescente três gotas de um óleo essencial à mistura, tampe e sacuda o frasco. Mais uma vez, considere sua intenção mágica e escolha o óleo essencial adequado. Você pode usar um óleo de uma erva ou resina que já faz parte da sua mistura para fortalecer um determinado aroma ou adicionar uma energia diferente à mistura. Não use mais que três gotas, pois o incenso ficará úmido demais para queimar.

Quando seu incenso de ervas estiver misturado, você pode usá-lo imediatamente ou deixá-lo descansar por mais ou menos uma semana, permitindo que as energias se mesclem antes do uso.

Energizando o incenso de ervas

Você pode usar o incenso logo depois de pronto. No entanto, como qualquer outro artefato ou preparo, energizar o incenso fará as energias fluírem melhor e lhes dará o foco específico de sua intenção mágica.

Existem duas formas de energizar seu incenso de ervas. A maioria das bruxas naturais usa as duas. A primeira é visualizar seu objetivo mágico conforme tritura e mistura cada erva e resina. Este método permite que você programe cada componente separadamente. O segundo método é o seguinte:

1. Segure o pote com o incenso pronto em suas mãos. Respire fundo três vezes para se concentrar. Pense em seu objetivo mágico.

2. Visualize uma luz brilhante se formando em volta do pote em suas mãos. Essa luz brilhante é a energia que vai aprimorar o seu incenso, a energia associada com o seu objetivo mágico.

3. Imagine a luz brilhante sendo absorvida pela mistura de resina e ervas. Agora o incenso foi energizado com seu objetivo mágico. Está focado para esse uso.

Queimando incensos de ervas

O incenso de ervas é queimado sobre ou ao redor de pequenos briquetes de carvão redondos próprios para esse uso, que estão disponíveis em lojas esotéricas ou de artigos religiosos. Para queimar o incenso, você precisará de três coisas:

1. Um pequeno pedaço de carvão próprio para incenso (NÃO é carvão de churrasco)

2. Um incensário à prova de calor com uma camada de areia ou terra no fundo

3. Um isqueiro ou fósforos de haste longa

Os carvões para incenso vêm em diferentes tamanhos. Eu não recomendo os de 1 cm, pois eles são abafados facilmente por uma colher de sopa de incenso e propensos a partir ou explodir se não forem manejados corretamente. Eu recomendo comprar os de 2,5 cm e usar uma metade por vez (você não precisa *mesmo* de um pedaço inteiro para uma única colher de incenso). Um tablete queimará por 45 minutos, e queimar uma colher de sopa de incenso de ervas não leva tudo isso.

> Cuidado: Nunca, jamais use carvão de churrasco, pois ele libera fumaças perigosas que podem ser fatais em ambientes internos ou espaços pouco ventilados.

Uma única colher de sopa de incenso geralmente é tudo do que você vai precisar para liberar suas energias no espaço. Uma colher rasa espalhada sobre um carvão incandescente vai liberar uma nuvem de fumaça. Diferente do incenso de bastão, o incenso de ervas queima tudo de uma vez até acabar, então libera mais fumaça e aroma por um período mais curto de tempo. No entanto, a energia e o aroma do incenso permanecem no espaço e, por isso, não há necessidade de continuar colocando a mistura para o incenso produzir uma quantidade consistente de fumaça. Se você tentar queimar muito o incenso, a sala ficará muito enfumaçada, e pode até acionar um detector de fumaça. Com o incenso de ervas, o pouco faz muito. Quando você usa um incenso de ervas, ele é defumado, não queimado — não há chama envolvida. Os pedaços de resina derretem e a matéria vegetal se torna cinzas e se parte.

Se você for usar fósforos para acender o carvão, palitos de haste longa são preferíveis porque palitos normais queimam muito rápido. Um isqueiro de bico longo usado para acender a churrasqueira é ideal para acender briquetes de carvão. Embora existam almas corajosas que segurem o carvão com os dedos enquanto o acendem, eu não recomendo isso por motivos óbvios de segurança. A melhor maneira de acender o carvão é com uma pinça grande ou um pegador enquanto aplica a chama com sua outra mão. Coloque a chama numa ponta do tablete, e assim que ele pegar fogo, vai começar a brilhar. Se o seu carvão for relativamente rápido, o brilho começará a se mover pela superfície, acendendo o restante do bloco. Se o seu carvão for muito denso ou estiver ligeiramente úmido por causa do ambiente, você precisará aplicar a chama em vários pontos diferentes possíveis até que eles entrem em contato e incinerem o restante do briquete. Lembre-se de que sua pinça ou pegador são de metal e vão conduzir o calor do pedaço de carvão assim que ele acender.

Quando o carvão estiver totalmente aceso, deposite-o com cuidado na camada de areia ou terra do seu incensário. Você pode usar quase qualquer prato resistente ao calor como incensário, desde que ele tenha uma camada de material para absorver o calor do carvão. Para sua segurança, você pode colocar um suporte ou um descanso à prova de calor sob o seu incensário para proteger a sua mesa ou o altar dos estragos do calor.

Espere até que o brilho termine de se espalhar pela superfície do briquete e comece a brilhar em um vermelho esmaecido. Nesse momento, seu carvão está pronto para receber a colher de chá do incenso ou uma pitada de resina. Algumas pessoas preferem esperar até que haja uma pequena camada de cinzas em cima do carvão, antes de espalhar o incenso sobre ele.

Não amontoe o incenso em cima do carvão. Salpique-o delicadamente, visualizando o objetivo pelo qual você criou a mistura. Grumos sólidos de incenso podem abafar e apagar o carvão.

Quando o incenso terminar de queimar, você pode esperar de quinze a vinte minutos para que a fumaça se dissipe um pouco, então salpique mais meia colher de chá de incenso sobre o carvão. Quando essa porção tiver queimado, deixe o carvão arder por conta própria. Ele ficará cinza. Deixe essa cinza esfriar, misture-a com a areia ou com a terra do seu incensário.

Manter uma pequena garrafa de água ou uma segunda tigela com terra ou areia por perto para o caso de as coisas fugirem do controle é sempre uma precaução inteligente.

Armazenando o incenso de ervas

Quando fizer sua primeira tentativa de incenso de ervas, opte por uma quantidade pequena, pois, caso você não goste dele, não ficará empacada com um pote cheio daquela mistura. Registre as proporções da receita, assim, caso goste, pode aumentá-la facilmente.

Eu guardo meus incensos de ervas em pequenos potes de tempero num armário fechado. Também uso potes de conserva de 125 ml. Potes de comida de bebê também são ideais, então, se você tiver filhos ou conhecer alguém que tenha, peça os potes vazios, lave-os bem e certifique-se de que estão bem secos antes de usá-los. Sempre etiquete o pote com clareza. Escreva o nome do incenso na tampa com canetas marcadoras ou numa etiqueta que sirva de rótulo. Não importa o quanto acredite que vai se lembrar de qual mistura é e para que foi feita pelo cheiro ou pela aparência do incenso: você vai esquecer. A data é importante porque você poderá consultar seu diário da bruxa natural e ver o que estava acontecendo quando misturou um incenso (e, talvez, o que inspirou essa mistura). Daqui a três ou cinco anos, você saberá que precisa fazer uma nova porção e jogar a antiga fora (ou usar a antiga apenas para perfumar ambientes).

Sugestões de receitas para as sete energias centrais da bruxa natural:

- Felicidade: olíbano, limão e laranja
- Harmonia: lavanda, pó de sândalo branco e jasmim
- Saúde: mirra, benjoim, hissopo e eucalipto
- Amor: copal, rosa, jasmim e canela
- Paz: olíbano, lavanda e violeta
- Prosperidade: olíbano, pinho, manjericão, menta e canela
- Proteção: sangue de dragão, alecrim e cravo-da-índia

Crie amuletos

Amuletos — pequenos sacos de tecido nos quais você coloca diversos objetos e itens escolhidos por suas associações mágicas — são usados em várias aplicações mágicas. Amuletos podem ter diferentes tamanhos e serem usados em qualquer lugar. Você pode pendurar um em cima da porta, carregar um no porta-luvas de seu carro, colocá-los em suas gavetas, bolsas, pendurá-los na cabeceira da cama... o único limite é sua imaginação.

Aqui vai um pequeno passo a passo para fazer um amuleto de proteção. Use-o como base para criar seus próprios amuletos.

Amuleto de proteção

Este amuleto foi elaborado para ser pendurado acima da porta dos fundos, ou na porta que for usada com mais frequência.

> 2 pedaços de tecido preto ou vermelho (cerca de 8 cm x 12 cm)
> Ferro de passar (opcional)
> Linha de costura
> Agulha
> Alfinetes
> 30 cm de linha vermelha ou uma fita estreita
> 1 obsidiana floco de neve
> 1 colher (chá) de sementes de cominho
> 1 colher (chá) de artemísia
> 1 pitada de sal

1. Faça uma pequena barra no tecido, em um dos lados menores do retângulo, da seguinte forma: dobre aproximadamente 0,5 cm para dentro de um dos lados de 8 cm, lado avesso com lado avesso, e pressione com seus dedos ou com o ferro. Costure a borda do tecido com um ponto alinhavado. Faça o mesmo com o outro pedaço de tecido.

2. Coloque os pedaços de tecido um sobre o outro, lado da frente com lado da frente, juntando as barras. (As costuras das barras estarão ambas voltadas para fora.) Use um alfinete para prender os tecidos.
3. Use um ponto alinhavado para costurar os três lados do retângulo. Deixe o lado com a barra aberta. Vire o saquinho com o lado da frente para fora.
4. Dobre o fio ou a fita no meio. Prenda a dobra do lado de fora de um dos lados da costura da bolsa com pontos pequenos.
5. Coloque a obsidiana floco de neve e as ervas dentro do saco.
6. Amarre o saco fechado com a fita ou fio. Pendure-o num prego acima de sua porta.

Ao usar um laço para fechar a fita, você pode abri-la depois e adicionar outros itens necessários para complementar a energia mágica. As bolsas de amuletos também podem ser costuradas, como almofadinhas, mas se isso for feito elas não devem ser abertas.

Se houver um momento em que o amuleto não for mais necessário, ou o propósito que lhe fez criá-lo tenha ficado para trás, desfaça a bolsinha e separe os componentes. Use as ervas em sua compostagem ou descarte-as em seu jardim, se desfazendo dos ingredientes separadamente.

Crie um travesseiro dos sonhos

O travesseiro é uma outra forma de amuleto e permite que as energias sutis das ervas interajam com a sua enquanto você dorme. Coloque um travesseiro dos sonhos embaixo do seu travesseiro comum, pendure-o na cabeceira da cama, ou coloque-o na sua mesa de cabeceira. Feitos numa escala maior, travesseiros dos sonhos podem se tornar travesseiros de ervas.

Quando fizer um travesseiro de ervas ou dos sonhos, é você quem decide o quanto de magia quer aplicar nele. Uma forma ideal de reforçar o objetivo mágico de um travesseiro é escolher um tecido da cor que você associa ao seu intuito. Se você acrescentar uma fita ao travesseiro, defina um comprimento adequado para que ele possa ser preso na sua cabeceira ou pendurado em um prego na parede de seu quarto.

Travesseiro para os bons sonhos

Este travesseiro foi desenvolvido para estimular o relaxamento e aliviar o sono conturbado.

1 colher (sopa) de violetas

1 colher (sopa) de hortelã-verde

2 colheres (sopa) de lavanda

1 tigela pequena

1 retângulo de tecido de uma cor à sua escolha
   (de aproximadamente 10 cm x 20 cm)

Linha de costura

Alfinetes

Agulha

Ferro de passar (opcional)

Algodão para enchimento (uma quantidade próxima do seu punho
   fechado ou dois quadrados de 10 cm x 10 cm)

Fita (opcional: para saber o comprimento, veja o parágrafo anterior)

1. Misture as ervas na tigela usando seus dedos.

2. Dobre o retângulo de tecido até você ter um quadrado de tecido dobrado. Se estiver usando tecido estampado, deixe o lado da estampa para dentro da dobra. Prenda as pontas com um alfinete.

3. Alinhave dois dos três lados do tecido, deixando um deles aberto.

4. Dobre aproximadamente 0,5 cm do lado sem costura, no sentido do que, neste momento, é o lado de fora da bolsa. Pressione a dobra para que fique marcada ou use o ferro. Vire o tecido do avesso, para que as costuras fiquem para dentro. (A parte dobrada sem costura deve ficar voltada para o lado de dentro da bolsa.)

5. Afofe seu algodão para enchimento, de forma que fique mais volumoso e aberto. Coloque as ervas no centro do algodão e dobre as pontas para dentro, para que as ervas fiquem enroladas dentro dele. Se o algodão vier em dois quadrados, coloque um quadrado por baixo, as ervas no meio e o outro quadrado por cima. Prenda os quatro lados com pontos alinhavados.

6. Enfie o enchimento de algodão dentro do saco de tecido. Prenda o lado aberto com um alfinete. Se você for acrescentar uma fita para pendurar, dobre-a e prenda-a numa das pontas do lado aberto com o alfinete. Costure o travesseiro fechando o lado solto e aplique a fita onde quiser.

7. Coloque seu travesseiro dos sonhos sob seu travesseiro ou posicione-o perto do seu travesseiro quando for dormir.

Você pode aumentar o tamanho desse travesseiro; contudo, quanto maior o fizer, mais vai precisar de algodão de enchimento para proteger as ervas lá dentro. Você pode usar quantas ervas quiser. Aqui estão algumas sugestões de misturas para travesseiros dos sonhos:

- Paz: lavanda, papoula e gardênia
- Harmonia: camomila, violeta e calêndula
- Felicidade: madressilva e girassol
- Amor: rosa, jasmim e gardênia
- Saúde: eucalipto, noz-moscada e cravo
- Prosperidade: canela, laranja e manjericão
- Proteção: gerânio, sálvia e cravo

Amuletos de jardim

Esse tipo de amuleto é separado dos amuletos em geral porque precisa de uma abordagem diferente. Como um amuleto de jardim é feito para se decompor e se desfazer, ele demanda um conjunto diferente de ingredientes e suprimentos.

Um amuleto de jardim é um feitiço elaborado para ser pendurado do lado de fora ou enterrado em um lugar específico. Esses amuletos em geral são feitos para proteção da propriedade, proteção de uma área em particular no terreno, como uma planta ou uma nascente, ou para aumentar a fertilidade do jardim. Por ficarem pendurados do lado de fora, expostos ao clima, acabam sendo pequenos; isso é uma conveniência, mas também é estética. Conforme a bolsa se decompõe, as ervas colocadas em seu interior começam a cair dela. Ervas caindo de uma bolsa grande seria uma bagunça. Um saquinho garante menos desordem e um amuleto discreto. Se quiser fazer um amuleto de proteção de qualquer tipo um pouco maior, pense numa pedra de apoio (veja mais para a frente neste capítulo) ou algo feito de um material mais resistente.

Outro motivo para ter amuletos de jardim menores do que um amuleto normal ou um travesseiro dos sonhos é que você vai forrá-los com ervas, sem usar enchimentos ou recheios. Para fazer o amuleto, corte dois quadrados ou retângulos de tecido e costure-os juntos, seguindo as instruções para fazer o travesseiro dos sonhos. Desconsidere o enchimento e encha o saquinho de ervas. Costure o último lado fechando-o como indicado no projeto do travesseiro dos sonhos ou com uma fita como no amuleto comum, e pendure num lugar apropriado lá fora.

Ao elaborar um amuleto de jardim, tenha o cuidado de selecionar um material natural, um tecido com fibras naturais, de preferência 100% algodão, embora lã e seda sejam aceitáveis. Fibras naturais garantem que o material se decomponha sem danos ao meio ambiente. Você pode escolher a cor de acordo com sua intenção mágica ou usar uma cor neutra como branco ou algodão não tingido. Entretanto, lembre-se de que a chuva vai ensopar o saco com as ervas dentro e manchar o tecido; o sol vai alvejá-la, afetando a cor quase imediatamente. Os processos que deixam o tecido mais claro, manchado e decomposto são parte da mágica: a destruição física gradual do amuleto libera a energia. Quando o tecido se rasgar por inteiro, você pode escolher enterrar a bolsa num lugar escolhido, que pode se tornar um ponto de manutenção mágica regular do seu jardim. Você também pode fazer outro amuleto com o saquinho (e escrever a nova data em seu diário da bruxa natural, assim você sabe com que frequência precisa substituir o amuleto), ou pode avaliar as necessidades atuais de seu jardim e elaborar outro (mais uma vez registrando a data, os novos suprimentos que você usar e os objetivos).

Se colocar um cristal no seu amuleto de jardim, você pode escolher enterrá-lo com os demais restos ou reutilizá-lo em seu próximo amuleto. Reutilizar um cristal é uma boa maneira de manter a continuidade da energia do seu jardim, mesmo que as ervas usadas sejam diferentes. Não inclua itens de metal ou substâncias não biodegradáveis à mistura de ervas, pois elas podem envenenar o jardim.

Faça uma vassoura

No capítulo 2 você aprendeu a usar uma vassoura para purificar um local. Encontrar uma vassoura de cerdas naturais pode ser um desafio, mas não precisa se desesperar. Fabricar seus próprios instrumentos é uma prática consagrada pela tradição entre as bruxas de várias linhagens, e fazer uma vassoura é particularmente fácil.

Criando uma vassoura de gravetos

Cate gravetos e um galho maior debaixo das árvores próximas da sua casa para que sua vassoura seja um instrumento alinhado com a energia de sua localização geográfica. Misturada à sua energia, essa energia natural criará uma vassoura vibrante com o poder da bruxa natural. Tente identificar as árvores das quais você recolheu os gravetos. Quanto mais você souber sobre seus suprimentos, mais eles serão sintonizados com a sua energia.

Se você tiver árvores em seu terreno, guarde os gravetos e um galho maior durante a poda anual. Do contrário, você pode caminhar pelas ruas residenciais no outono e catar gravetos das pilhas de sobras de podas na calçada para serem recolhidas pela limpeza urbana. Peça autorização aos moradores para recolher os galhos e gravetos se eles estiverem dentro de uma propriedade particular. Se a madeira que você recolher estiver molhada, deixe-a secar por algumas semanas em um espaço protegido e ventilado, como sua garagem ou seu porão.

Quando fizer a vassoura é importante enrolar o couro com firmeza ao redor dos gravetos. A tensão é parte do que mantém o couro na ponta da vassoura.

> Luvas de trabalho (opcionais)
> Jornal
> 1 galho robusto com cerca de 1,5 m e 5 cm de diâmetro
> Serra
> Lixa de papel

Gravetos de aproximadamente 45 cm de comprimento, com diâmetro médio de 0,5 cm (o bastante para fazer um monte de 7 cm quando você os juntar com suas mãos)
Cola de madeira
Tira de couro ou corda com mais ou menos 1,5 m de comprimento e 2 cm de grossura
4 pregos de acabamento
Martelo

1. Cubra sua área de trabalho com o jornal.

2. Pegue o galho de 1,5 m e escolha qual ponta vai ser o topo do cabo e qual será o lado da vassoura. Se o cabo estiver com casca, decida se quer mantê-la ou retirá-la. Se estiver usando um galho de árvore, talvez queira serrar o topo para que fique reto. Lixe-o para que não fique com bordas afiadas ou farpas remanescentes.

3. Arrume uma pilha de gravetos menores e corte ou quebre qualquer um que tenha outros galhos despontando ou ângulos estranhos.

4. Pegue um dos gravetos mais grossos e coloque-o contra a ponta do cabo da vassoura. Sobreponha as pontas do graveto e o cabo de modo que 12 a 15 cm do graveto fiquem acomodados contra o final da vassoura, a uma altura de 12 cm do final do cabo. (O graveto vai aumentar a altura da vassoura em cerca de 30 cm na ponta.) Pingue cola de madeira nesses últimos 12 cm de sobreposição e pressione o graveto contra a vassoura. Posicione uma ponta da tira de couro contra o graveto mais grosso, coloque uma gota de cola de madeira para prendê-la. Segure-a com firmeza, martele um dos pregos de acabamento através da tira de couro, do graveto e do cabo da vassoura.

5. Espalhe uma fina camada de cola ao redor dos 12 cm finais da vassoura e comece a adicionar os demais gravetos de 45 cm, sobrepondo os primeiros 12 a 15 cm de cada graveto com os 12 cm finais do cabo. Alterne colocando o segundo graveto sobre a tira de couro, então o próximo embaixo. Mantenha uma tensão consistente na tira de couro.

6. Quando você alcançar o primeiro graveto novamente, pingue mais cola sobre os 12 cm da primeira camada de gravetos e continue acrescentando mais gravetos, ainda alternando a tira de couro em cima e embaixo. Não se preocupe se as pontas dos gravetos ficarão perfeitamente alinhadas. Essa é uma vassoura caseira e um instrumento mágico desenvolvido para varrer o ar e a energia, não o chão. Não precisa ser perfeita.

7. Quando você perceber que chegou à metade da segunda camada, oposta de onde começou, segure o couro esticado e martele um segundo prego de acabamento através do graveto, a primeira camada, a segunda e o cabo. Continue acrescentando gravetos.

8. Coloque mais gravetos na vassoura, pingando mais cola nas partes de cima dos gravetos conforme começa uma nova camada. Continue esticando o couro alternado entre os gravetos.

9. Quando estiver satisfeita com a grossura dos gravetos na ponta da vassoura, ou quando chegar ao final da sua pilha de gravetos, martele outros pregos no couro e os gravetos através do cabo da vassoura. Coloque mais cola na parte de dentro da tira de couro e enrole em torno dos gravetos. Puxe com força. Prenda a ponta do couro com um pingo final de cola e um último prego.

10. Deixe a vassoura descansar deitada (não pendurada) numa mesa ou no chão por pelo menos 36 horas até que a cola seque completamente. Se deseja colocar alguma decoração extra enrolando couro no cabo, acrescentando penas, conchas ou pedras, ou fazendo entalhes, faça isso depois que a cola estiver seca.

11. Antes de usar sua nova vassoura mágica pela primeira vez, energize-a segurando-a nas mãos e visualizando uma luz brilhante em torno dela. Veja a energia brilhante ser absorvida pela vassoura. Se quiser, pode fazer depois a bênção dos quatro elementos (veja a bênção elemental neste capítulo).

Faça bálsamos e perfumes

Esta arte mágica consiste em pegar um óleo essencial à sua escolha e transformá-lo num bálsamo sólido, que pode ser usado como perfume mágico. O termo "bálsamo" indica algum tipo de conforto, assim como uma substância sólida que derrete quando aplicada na pele morna.

É importante lembrar que bálsamos são mágicos por natureza, o que significa que as energias dos óleos agem na energia da pessoa que os aplica.

Cuide para que o pote, a lata ou o recipiente que você usar para guardar o bálsamo tenha uma boca larga o bastante para que você insira os dedos. Escolha um recipiente que não seja muito fundo e garanta que a tampa seja apertada, assim o conteúdo será preservado pelo maior tempo possível.

Também tenha o cuidado de pesquisar os óleos que deseja usar. Você não vai querer usar em excesso um óleo que possa irritar sua pele, como o de canela. Sempre leve a sensibilidade da sua pele em consideração.

Quando utilizar um bálsamo, use apenas uma pequena quantidade. Retire um pouco com a ponta do dedo e esfregue gentilmente com um movimento circular na área que deseja aplicar. Não deixe que o bálsamo entre em contato com os seus olhos. Lave as mãos depois de usá-lo ou depois do ritual que você quer que seja potencializado pelo bálsamo. No verão, mantenha seu bálsamo na geladeira para uma sensação refrescante quando for usá-lo.

Bálsamos não devem ser usados na pele de crianças.

Bálsamo mágico

Lembre-se de etiquetar com clareza a lata ou o recipiente com o nome do bálsamo. Escreva a receita em seu diário da bruxa natural.

1 ½ colher (chá) de cera de abelha
¼ de xícara de óleo de amêndoas doces ou de jojoba
1 lata pequena, vazia e limpa
1 panela e água
De 5 a 9 gotas de óleo(s) essencial(ais) à sua escolha
1 colher (chá) de óleo de vitamina E (opcional)
1 pote ou recipiente pequeno

1. Coloque a cera de abelha e o óleo de amêndoas ou jojoba na lata pequena. NÃO tampe a lata. Coloque-a na panela que deve estar com água até a metade. (Isso cria um banho-maria e previne que óleos inflamáveis entrem em contato com o fogo ou com a chama do fogão.) Coloque a panela no fogo médio e deixe que o calor da água derreta a cera de abelha e o óleo.

2. Remova a panela do fogo. Usando luvas para proteger suas mãos, retire a lata do banho-maria. Misture as gotas de óleo essencial e de vitamina E com movimentos circulares. Enquanto fizer isso, energize a mistura com sua intenção mágica.

3. Deixe a mistura esfriar levemente. Conforme ela resfria, a superfície vai se solidificar. Usando um hashi ou um palito de sorvete, mexa a mistura suavemente para uniformizar o sólido e o líquido. Enquanto mexe, reforce sua intenção mágica.

4. Quando a mistura estiver fria, mas antes de estar totalmente sólida, coloque-a no pote ou recipiente limpo e tampe-o. Etiquete identificando o conteúdo e coloque a data.

5. Para usar o bálsamo, retire uma pequena quantidade com a ponta do dedo e espalhe suavemente sobre a pele.

Algumas sugestões de bálsamos:

- **Bálsamo para meditação**: três gotas de lavanda, três gotas de sândalo e duas gotas de violeta. Esfregue uma pequena quantidade nas têmporas e na parte de dentro dos punhos. Esta também é uma excelente mistura para relaxamento e para ajudar a dormir, e por isso serve duplamente como um bálsamo para paz e harmonia.

- **Bálsamo de purificação**: duas gotas de óleo de lavanda, três gotas de olíbano, três gotas de jasmim. Aplique um pouco no seu terceiro olho (no centro da testa), no seu peito e no plexo solar. Use toda vez que desejar limpar emoções negativas ou as energias do seu emocional e de seu corpo físico.

- **Bálsamo para o amor**: três gotas de óleo de rosas, três gotas de jasmim, duas gotas de óleo de lavanda e uma gota de óleo de baunilha. Aplique na parte de dentro dos punhos, sobre o seu coração, na nuca e atrás dos joelhos. (Observe que este bálsamo é uma mistura de amplo espectro para o amor. Pode ser usado para o amor próprio e afeição assim como para outros tipos de propósitos associados ao amor.)

- **Bálsamo para abundância**: uma gota de óleo de canela, duas gotas de óleo de laranja, três gotas de óleo de menta e duas gotas de óleo de pinho. Esfregue uma pequena quantidade na palma das mãos e nas solas dos pés.

- **Bálsamo de cura**: duas gotas de óleo de alecrim, duas gotas de óleo de eucalipto, duas gotas de óleo de mirra e duas gotas de óleo de sândalo. Este bálsamo pode ser usado para cura espiritual, emocional e física. É especialmente bom para ser aplicado no peito e nas costas. Evite usar este bálsamo perto dos olhos ou de membranas mucosas, ou em pele fina ou sensível, pois o alecrim e o eucalipto podem causar irritações.

- **Bálsamo para a felicidade**: duas gotas de óleo de lima, duas gotas de óleo de limão, duas gotas de óleo de rosa e duas gotas de óleo de lavanda. Aplique nos punhos e nas costas das mãos, nos pés e sobre o coração. Para um bálsamo de felicidade mais cítrico e vibrante, use duas gotas de óleos de lima, duas de limão, duas de laranja e duas de bergamota.

Construa uma pedra de apoio para o seu jardim

Essa arte mágica incorpora ervas, cristais e pedras e qualquer outro elemento natural que você deseje incluir.

A seguir, vamos falar de dois tipos de pedras de apoio. A primeira exige que você misture e aplique seu próprio concreto; a segunda usa um concreto pré-fabricado ou pedras planas compradas em lojas de materiais para jardinagem. Cada método produz um tipo diferente de pedra de apoio, mas, com imaginação, você pode substituir um conjunto de suprimentos mágicos por outro ou inventar suas próprias combinações para seus próprios objetivos.

Quando sua pedra estiver decorada e envernizada, deixe-a dentro de casa por uma semana até que esteja selada. Durante o processo de aplicação e enquanto a pedra estiver secando, não mexa no molde.

Quando você colocar sua pedra de apoio lá fora, pense no local mais adequado para ela. As chamadas "pedras de apoio" geralmente são colocadas em locais difíceis de caminhar para serem pisadas, mas elas não são muito adequadas para essa finalidade por causa das decorações e detalhes que você vai aplicar nelas para embelezá-las. Colocá-las perto do pátio ou da calçada permite que elas sejam vistas, mas não perturbadas, e geralmente é essa a melhor decisão.

Embora essas pedras de apoio sejam teoricamente impermeáveis, para evitar erosão ou quebra, talvez você queira trazê-la para dentro e guardá-la, se morar num lugar com inverno severo. Inspecione sua pedra de apoio em intervalos de algumas semanas e então veja como ela se comporta com a exposição aos elementos. Se você

usar concreto demais em sua mistura, a pedra pode se esfarelar lentamente. Se isso acontecer, anote em seu diário da bruxa natural para reduzir a quantidade da próxima vez e declare que essa pedra de apoio é um feitiço sujeito ao efeito do tempo. Quando ela estiver desgastada a ponto de ficar irreconhecível, ou quando você não quiser mais exibi-la, remova-a com respeito, agradeça pelo trabalho que ela realizou e coloque-a no lixo. Não a enterre; nem todos os ingredientes que você usar podem ser biodegradáveis.

Pedra de apoio para proteção

Coloque essa pedra em seu jardim ou próximo da porta da sua casa para estender sua energia protetora pela área. Esta é uma arte mágica mais adequada para ser feita em ambientes externos, e é melhor você usar um avental sobre as suas roupas de trabalho. Embora seja necessário apenas duas horas para fazer a pedra básica, leva pelo menos três dias para que ela seque.

Jornal

Luvas de borracha

30 x 30 cm de tela para peneirar

1 prato descartável de alumínio (com no mínimo 5 cm de profundidade)

1 colher (sopa) de cada uma das ervas de proteção a sua escolha (sugestão: alecrim, angélica e cravo)

Misturador de tinta

1 saco pequeno de mistura de concreto (de secagem rápida ou especial para fazer pedras de cimento)

Balde

Água

Copo medidor

Colher velha (opcional)

Quatro obsidianas no formato de pontas de flecha

Graveto ou palito de sorvete

Tinta acrílica ou pincéis

Verniz incolor (um verniz em spray é mais fácil) (opcional)

1. Espalhe o jornal sobre a sua área de trabalho para protegê-la.

2. Coloque as luvas de borracha e corte a tela para que ela se encaixe no seu prato. Ela vai servir para reforçar a estrutura de sua pedra quando ela estiver seca.

3. Misture as ervas e reserve.

4. Use o misturador de tinta para uniformizar a mistura de água e concreto em pó no balde. Uma proporção de cinco partes de concreto para uma parte de água geralmente funciona, mas leia as instruções na embalagem. Acrescente mais pó para engrossar, mais água para amolecer. A mistura deve ser grossa e úmida, mas não molhada — mais como massa de biscoito do que mistura de bolo. Não use o saco inteiro, apenas o quanto você achar que vai precisar para encher o prato de alumínio (um pouco a mais, apenas para garantir).

5. Derrame ou use a colher para colocar o concreto no prato de alumínio (o molde), enchendo-o mais ou menos pela metade. Sacuda o molde para que qualquer bolha seja liberada e use o misturador para uniformizar o concreto.

6. Coloque a tela sobre o concreto no molde. Coloque mais concreto sobre a tela, enchendo aproximadamente ¾ do molde. Balance o molde para liberar bolhas.

7. Salpique as ervas em cima do concreto, visualizando suas energias protetoras se espalhando pela mistura.

8. Derrame mais concreto sobre as ervas, enchendo o molde. Balance o molde mais uma vez para liberar bolhas.

9. Deixe o molde descansar de 30 minutos a uma hora (de acordo com as instruções da embalagem da mistura). Isso permitirá que ele seque aos poucos e dê a você uma superfície mais firme para aplicar as pedras.

10. Coloque as quatro obsidianas com as pontas para fora no meio da pedra, com os lados retos formando um quadrado no centro e as pontas para fora, voltadas para as bordas do círculo. Pressione-as firmemente na superfície do concreto. Enquanto o faz, visualize as flechas repelindo qualquer negatividade que se aproxima da pedra.

11. Se desejar, use o graveto ou o palito de sorvete para escrever palavras na superfície da pedra.

12. Agora coloque a pedra num lugar seguro para secar por, pelo menos, dois dias, de preferência três. Mais uma vez, confira as instruções na embalagem. Você pode deixar secar por mais tempo para que sua pedra não esfarele se você tirar o molde antes de ela estar completamente seca.

13. Retire a pedra do molde virando-o sobre uma superfície protegida por jornal. Puxe com cuidado as laterais e erga o prato de alumínio da pedra. Vire a pedra para que as obsidianas fiquem voltadas para cima.

14. Se quiser, pode pintar a pedra. Assim que a tinta estiver seca, cubra todos os lados da pedra com verniz incolor para proteger a superfície.

Pedra de apoio para a felicidade

Esta pedra atrai a alegria e a risada. Coloque-a perto da sua porta da frente para convidar essa energia para entrar em sua casa. Para este projeto é melhor usar uma pequena pedra pré-moldada como base porque você vai cobrir toda a sua superfície com cristais e pedras à sua escolha. Esta técnica usa argamassa e rejunte para fixar as decorações na pedra de base.

Papel branco maior que a pedra de base
Lápis
1 pedra de apoio de concreto pré-moldada
Uma seleção de pedras lapidadas como citrino, olho
    de tigre, pedra da lua, sodalita e quartzo rosa
Luvas de borracha grossas
Balde ou um pote de sorvete limpo
Argamassa de acabamento
Misturador de tinta
Água
Espátula de pedreiro (triangular)
Rejunte de ladrilho
Espátula de ponta de borracha
Esponja
Estopa

1. Trace o contorno da pedra de apoio no papel em branco e deixe-a de lado. No papel, arrume os cristais num padrão que te agrade dentro dos contornos da pedra. Use cristais o suficiente para cobrir a superfície quase completamente, mas as pedras não devem encostar umas nas outras. Deixe o papel e as pedras de lado com cuidado.

2. Limpe a pedra pré-moldada com água para remover qualquer sujeira. Lavá-la com a mangueira do jardim funciona bem.

3. Coloque as luvas de borracha. No balde, misture a argamassa de acordo com as instruções na embalagem. Não misture o pacote inteiro. Use apenas o quanto você acha que vai precisar para este projeto, um pouco mais só para garantir. Você precisará cobrir a superfície de sua pedra de base com uma camada de 1,5 cm.

4. Usando a espátula, espalhe uma camada de argamassa de 0,5 a 1,5 cm de espessura sobre a superfície úmida da pedra. A grossura da camada vai depender do tamanho dos seus cristais. Pedras maiores precisarão de mais argamassa para serem fixadas com segurança.

5. Preservando seu padrão planejado, transfira as pedras do papel para a superfície da pedra coberta de argamassa, pressionando-as para que fiquem relativamente uniformes. Deixe um pequeno espaço entre elas para o rejunte.

6. Deixe a pedra secar num lugar seguro por, no mínimo, doze horas. Lave o balde que usou para misturar a argamassa.

7. Coloque as luvas novamente. No balde limpo, misture o rejunte seguindo as instruções da embalagem. Mais uma vez, não misture o pacote inteiro, apenas o suficiente para criar uma camada de 0,5 cm, com um pouco a mais por garantia.

8. Aplique o rejunte na superfície coberta pelas pedras e espalhe-o com a espátula de pedreiro. Certifique-se de acomodar bem o rejunte entre as pedras. Espalhe o rejunte nas laterais da pedra também. Quando terminar, use a espátula de borracha para limpar a superfície das pedras e remova qualquer excesso de rejunte.

9. Usando a esponja úmida, limpe o que sobrou de rejunte em cima dos cristais. Limpe os cristais do meio para fora e de um lado para o outro, para ter certeza de que o rejunte foi acomodado entre os cristais e lavado de cima delas. Molhe a esponja com frequência para mantê-la limpa e úmida. Preste atenção para não lavar ou esfregar o rejunte que deve ficar entre os cristais.
10. Deixe a pedra decorada secar por cerca de 24 horas. Use a estopa para dar polimento.

Torne-se uma curandeira natural

Capítulo 8

Existem benefícios espirituais profundos em seguir o caminho da bruxa natural. Ao fazer uma imersão na energia do planeta e em sua flora, você alcança estágios de consciência mais elevados que favorecerão todos aqueles com quem você interage e o ambiente onde você mora.

Embora um dos objetivos da bruxa natural seja curar os outros, nunca é sábio distribuir chás e outros preparados a não ser que você seja uma ervanária treinada, principalmente se o objetivo do preparado for o tratamento de problemas sérios ou crônicos. Se alguém procurar você reclamando de um mal-estar estomacal ou de uma dor de cabeça, você pode usar seu discernimento e conhecimento para sugerir um método terapêutico.

Os passos da cura

As bruxas naturais são curandeiras naturais que procuram tornar o mundo ao seu redor mais harmonioso. Curar é outra forma de reequilibrar as energias que foram perturbadas. Mas a cura não pode ser apressada. Cada passo deve ser vivenciado a seu tempo. Isso serve para curar a terra, a si mesma, outros indivíduos e a comunidade. Você precisa aprender com o processo, então cada passo deve ser sentido, compreendido e dado minuciosamente. Existem dois passos para a cura.

1. Limpar e/ou purificar a presença negativa
2. Substituir a presença negativa por algo positivo

Muitas pessoas se concentram no primeiro passo e esquecem do segundo. A natureza abomina o vácuo, e o resultado do primeiro passo é um espaço vazio onde a energia negativa estava e que uma nova energia se apressará em ocupá-lo. O problema é que nós nem sempre controlamos o tipo de energia que preenche esse espaço. Para ter controle e completar o processo de cura você pode realizar uma bênção (na qual pede a outra entidade ou espírito que conceda energia positiva) ou canalizar por conta própria a energia positiva para fortalecer o objeto ou a pessoa que estão sendo curados. No entanto, tome cuidado ao canalizar energias que já tenham sido programadas até que você saiba exatamente do que o outro precisa. Você pode achar que seu paciente precisa de força, mas ele pode precisar de algo diferente. Preencher o espaço vazio com algo neutro, como energia positiva sem um foco específico, é mais seguro. Isso possibilita que o corpo a utilize de acordo com as próprias necessidades.

Para entender melhor o aspecto curador do caminho da bruxa natural, você pode pesquisar as divindades curandeiras de diferentes culturas.

Fazendo chás curativos

Um chá é uma poção que pode ser consumida. Geralmente feito com água, as técnicas básicas de preparação são a infusão, se você estiver usando folhas e flores, e a decocção, se estiver usando materiais herbários mais densos como raízes, gravetos ou cascas.

Existem muitos chás disponíveis no mercado, elaborados para certos benefícios terapêuticos como aliviar o estresse, melhorar o sono, aliviar dores de cabeça e por aí vai. Você pode usar chás comerciais, porém, quando cria os seus próprios, sabe exatamente o que vai neles. Você também pode evitar ervas às quais é mais sensível e usar aquelas que prefere.

Lembre-se de que ingerir qualquer substância sem pesquisar pode ser perigoso. As receitas a seguir não devem ser usadas como indicação de autoridades médicas; elas são recomendadas como crenças populares.

Todas as receitas a seguir podem ser feitas com ervas frescas ou secas. Se estiver usando ervas frescas, aumente a quantidade de ingrediente para uma colher de sopa por xícara para porções individuais e faça apenas o suficiente para ser consumido logo após o preparo. Misturas com ervas frescas não podem ser armazenadas.

Chá de alteia

Este chá é para tratar dor de garganta e problemas digestivos. Suas associações mágicas são proteção e cura. Para fazer uma xícara:

> 1 colher (sopa) de raiz de alteia seca picada (20 gramas)
> 1 xícara de água

1. Coloque a raiz de alteia na água.
2. Cozinhe em fogo baixo por 10 minutos.
3. Retire a chaleira do fogo e deixe descansar por mais 10 minutos.
4. Coe e beba.
5. Tome o quanto for necessário ao longo do dia.

Gargarejo de sálvia

Este chá é bom para o tratamento de resfriados e dores de garganta. Suas associações mágicas são sabedoria, proteção e purificação. Para fazer ½ xícara:

½ xícara de água

1 colher (sopa) de sálvia desidratada (ou de 5 a 6 folhas de sálvia fresca)

1. Ferva a água e adicione as folhas de sálvia.

2. Deixe descansar por 7 minutos.

3. Filtre numa garrafa esterilizada e guarde na geladeira. Use uma colher de sopa para gargarejar por 1 minuto. Não engula.

Chá tônico

Este chá é usado para limpar o sangue e fortalecer o sistema digestório. Suas associações mágicas são proteção e cura. Rende mais ou menos ¼ de xícara de mistura de chá (56 gramas), uma colher de sopa da mistura rende ½ xícara de chá:

1 colher (sopa) de alecrim

1 colher (sopa) de milefólio

1 colher (sopa) de marroio-branco

1 colher (sopa) de sálvia

1 folha grande de gatária

1 xícara e ½ de água fervente

1 colher (sopa) de mel (opcional)

1. Misture as ervas secas num pote pequeno.

2. Derrame uma xícara e meia de água fervente sobre uma colher de sopa da mistura de ervas e deixe descansar de 7 a 10 minutos.

3. Filtre e beba. Se você achar este chá muito amargo, pode adicionar a colher de sopa de mel.

Chá digestivo

Este chá é bom para tratar azia, desconforto estomacal e gases. Sua associação mágica é a prosperidade. Uma colher de sopa da mistura de chá faz uma xícara.

1 parte de hortelã-pimenta
1 parte de manjericão
1 parte de sementes de endro
1 xícara de água fervente

1. Misture as ervas num pote pequeno.
2. Derrame a água fervente sobre uma colher de sopa da mistura de ervas.
3. Deixe descansar de 7 a 10 minutos. Coe e beba.

Chá para resfriados

Este chá tem associações mágicas com cura e energia e é bom para se recuperar de resfriados. Uma colher de sopa da mistura de chá faz uma xícara.

1 parte de gengibre
1 parte de flor de sabugueiro
1 parte de milefólio
1 xícara de água fervente

1. Misture as ervas num pote pequeno.
2. Derrame a água fervente sobre uma colher de sopa da mistura de ervas.
3. Deixe descansar de 5 a 7 minutos. Coe e beba.

Chá para a hora de dormir

Este chá é bom para ajudar a pegar no sono. Suas associações mágicas são paz, harmonia, cura, amor e felicidade. Uma colher de sopa da mistura de chá faz uma xícara.

> 1 parte de lavanda
> 1 parte de gatária
> 1 parte de verbena
> 1 parte de camomila
> 1 xícara de água fervente

1. Misture as ervas num pote pequeno.
2. Derrame a água fervente sobre uma colher de sopa da mistura de ervas.
3. Deixe descansar de 5 a 7 minutos. Coe e beba.

Chá do amor

Este chá é para o relaxamento e para celebrar o amor. Suas associações mágicas são amor, felicidade, paz e harmonia. Uma colher de sopa da mistura de chá faz uma xícara.

> 1 parte de pétalas de rosa
> 1 parte de lavanda
> 1 parte de jasmim
> 1 pitada de canela (opcional)
> 1 xícara de água fervente

1. Misture as ervas num pote pequeno.
2. Derrame a água fervente sobre uma colher de sopa da mistura de ervas.
3. Deixe descansar de 5 a 7 minutos. Coe e beba.

Chá para concentração

Este chá é bom para ajudar nos estudos, na concentração e para melhorar a memória. Seus usos mágicos são saúde, proteção, felicidade e paz. Uma colher de sopa da mistura de chá faz uma xícara.

1 parte de alecrim
½ parte de hortelã-verde
1 xícara de água fervente

1. Misture as ervas num pote pequeno.
2. Derrame a água fervente sobre uma colher de sopa da mistura de ervas.
3. Deixe descansar de 5 a 7 minutos. Coe e beba.

Óleos essenciais para potencializar a energia

Um óleo é uma forma prática de carregar a essência de uma erva ou de outro elemento natural. Os modos de preparo básicos de um óleo são o *enfleurage* ou a maceração (veja no capítulo 7). Se você prepara seus próprios óleos, eles terão o benefício adicional de já estarem sintonizados com a sua energia pessoal, embora você ainda deva energizá-los antes do uso, como qualquer outro instrumento. Nem todo mundo pode preparar um estoque completo de óleos como gostaria. Geralmente dois tipos de óleos estão disponíveis à venda nas lojas: óleos essenciais, que carregam a essência pura da planta num óleo que serve de transmissor, e óleos perfumados que são aromatizados artificialmente.

A maioria das bruxas naturais gosta de usar produtos puros em seu trabalho e, portanto, escolherão um óleo essencial em vez de um óleo perfumado. Um óleo essencial é preparado diretamente da planta original, o que significa que, ao usá-lo, de modo mágico ou medicinal, você tem a garantia de que a energia original da planta será transmitida com seus benefícios químicos.

Um óleo essencial é mais caro que um óleo aromático, mas também mais forte; apenas uma ou duas gotas são necessárias para evocar a energia da planta. O perfume do óleo aromático é menos preciso do que o de um óleo essencial e não carrega a energia característica da planta. Embora vendedores irresponsáveis vendam óleos perfumados como essenciais, a comparação de preços é um bom guia para identificar o que é essencial e o que é perfumado. Quando alguns mililitros de óleos essenciais puros como jasmim e rosa são vendidos por mais de cem reais, você consegue identificar um óleo substituto quando alguém tenta vendê-lo por 20 reais. Você pode misturar óleos essenciais e aromáticos.

Óleos são muito usados para consagrações, mas também podem ser adicionados em banhos, pot-pourris e sachês. Se você criar uma mistura pessoal ou usar uma mistura feita com as receitas a seguir, pode pingar uma gota ou duas em qualquer projeto que realizar para incorporar uma energia extra e poder ao seu propósito mágico.

Misturar óleos é uma atividade maravilhosa que permite a experimentação e a expressão pessoal e aprimora a sua intuição. Haverá momentos em que você se sentirá inspirada a colocar uma gota ou duas de um determinado óleo que não estava na receita original. Faça isso e anote a sua adaptação. Quando o óleo estiver maturado, sinta sua energia e escreva suas observações em seu diário sobre a nova receita. Use o óleo e anote os resultados. É assim que a receita evolui com o tempo e passa a refletir o crescimento pessoal e a compreensão da bruxa natural.

Faça seu óleo pessoal

Criar um óleo para representar você e sua energia resulta em uma essência engarrafada que pode ser usada para múltiplos propósitos.

Óleos da sua preferência
Frascos vazios, pires, tigelas pequenas
Um frasco com uma tampa bem vedada para a mistura final do óleo

1. A receita desta mistura depende totalmente da sua vontade. Pense nas suas ervas, flores e árvores favoritas. Pense nos elementos com os quais você tem afinidade. Pense nas cores e no aroma das plantas que deram origem aos óleos que você escolheu.

2. Faça uma lista desses elementos em seu diário da bruxa natural. Você não precisa limitá-los aos óleos que já tem em mãos. Pense também nas emoções e os objetivos que você deseja incluir nessa mistura. Você é criativa? Você é uma excelente comunicadora? Você é boa em cultivar coisas?

3. A seguir, observe as correspondências das plantas em sua lista, então pesquise quais plantas correspondem às características e aos objetivos na sua lista. Registre essas informações no seu diário.

4. Agora comece a estreitar a lista. Use a sua intuição e pense na importância das correspondências e associações.

5. Quando chegar a uma lista composta de três a treze itens, trabalhe nas suas proporções. Quanto de cada óleo? Para começar, você pode misturar uma parte de cada ingrediente em proporções iguais. Você também pode usar um óleo como base e acrescentar apenas quantidades que concedam traços de outros óleos. Entretanto, a forma como você mistura seu óleo pessoal é muito particular.

6. Quando tiver resolvido as proporções, dê uma olhada no seu estoque de óleos. Se algum estiver faltando, decida se vai fabricar (o que exige tempo) ou comprar. Você também precisa decidir se vai usar óleos essenciais ou aromáticos.

7. Para misturar seu óleo pessoal, meça as proporções adequadas dos óleos que escolheu e coloque cada um deles em um recipiente individual, seja um pires ou frasco.
8. Um a um, derrame os óleos no recipiente escolhido para a sua mistura. Balance o vidro em movimentos circulares para uniformizar.
9. Energize a mistura final segurando-a entre as mãos e visualizando sua energia pessoal fluir das suas mãos para o óleo. Continue até sentir que o óleo foi envolvido pela sua energia.
10. Etiquete seu óleo pessoal e cubra-o. Registre a data, os ingredientes finais e as proporções em seu diário da bruxa natural.

A seguir há algumas receitas que você pode usar. Elas também podem te inspirar a criar receitas. Não ingira esses óleos. Faça as misturas seguindo os passos de 7 a 10 na receita anterior. Se a receita pedir a inclusão de ervas, acrescente-as por último.

Óleo alerta e desperta

As associações mágicas deste óleo são felicidade, saúde, proteção e energia.

- 1 parte de alecrim
- 1 parte de menta
- 1 parte de laranja
- ½ parte de limão
- ½ parte de tomilho

Paciência

As associações deste óleo são paz, harmonia e amor.

- 1 parte de rosa
- 1 parte de lavanda
- 1 parte de pinho
- 1 parte de alecrim
- 1 parte de sálvia

Prosperidade

As associações mágicas deste óleo são movimento e energia.

- 1 parte de menta
- 1 parte de manjericão
- 1 parte de canela
- 1 parte de pinho

Saúde

As associações mágicas deste óleo são saúde, comunicação e força.

- 1 parte de tomilho
- 1 parte de eucalipto
- 1 parte de pinho
- 1 parte de gengibre

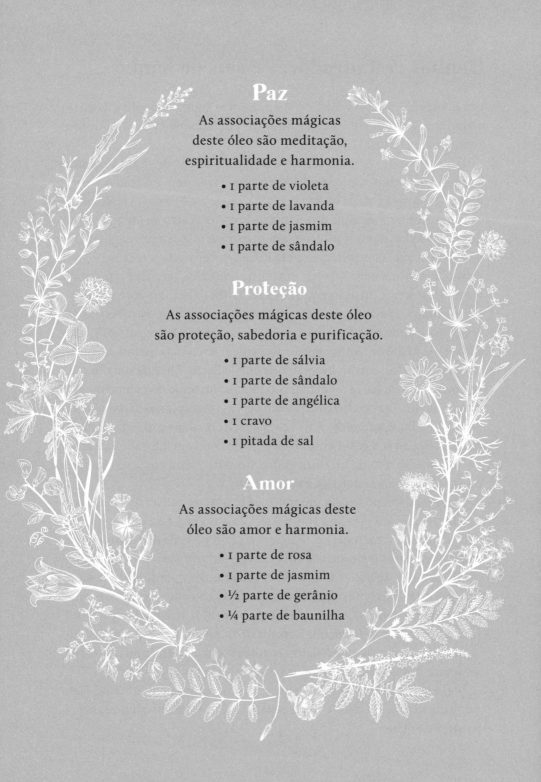

Paz

As associações mágicas deste óleo são meditação, espiritualidade e harmonia.

- 1 parte de violeta
- 1 parte de lavanda
- 1 parte de jasmim
- 1 parte de sândalo

Proteção

As associações mágicas deste óleo são proteção, sabedoria e purificação.

- 1 parte de sálvia
- 1 parte de sândalo
- 1 parte de angélica
- 1 cravo
- 1 pitada de sal

Amor

As associações mágicas deste óleo são amor e harmonia.

- 1 parte de rosa
- 1 parte de jasmim
- ½ parte de gerânio
- ¼ parte de baunilha

Banhos restauradores e sais de banho

Um banho é uma coisa mágica. A água em si é um elemento que cura e alivia, e quando você acrescenta um poção pode criar um amplo espectro de efeitos.

Para evitar ter folhas, caules e outros pedaços de planta na sua banheira ou entupindo seu ralo, você pode fazer uma infusão ou uma decocção e acrescentá-la na água do seu banho. Você também pode colocar umas colheres de sopa de misturas de ervas dentro de uma meia ou um lenço velho, dar um nó e jogar dentro da água corrente enquanto a banheira enche. O resultado é uma infusão preparada diretamente no banho. Remova a meia quando entrar na banheira, ou deixe-a na água para fortalecer a infusão enquanto se banha. Quando você a remover, pendure-a para secar, desfaça o nó e vire do avesso para retirar as ervas. Você pode reutilizar uma meia ou um lenço. Outra possibilidade é fazer um sachê de banho reutilizável costurando suas toalhinhas juntas em três lados, deixando a parte de cima aberta. Costure uma fita de 30 cm no lado da barra, com mais ou menos um terço do comprimento livre. Coloque suas colheres de sopa de ervas frescas (não mais que uma xícara e meia), então junte a abertura e feche o saco enrolando e amarrando a fita ao seu redor com firmeza. Você pode pendurar esse sachê de banho embaixo da torneira enquanto a banheira enche ou jogá-lo na água para deixar que fique encharcado.

Você também pode usar óleos no seu banho. Se estiver usando óleos essenciais, use no máximo três gotas. Mais do que isso pode irritar a sua pele ou sobrecarregar o seu sistema. Lembre-se de que óleos essenciais são extratos concentrados que carregam químicos. É fácil ter uma overdose deles. Se preferir se banhar com grandes quantidades de óleo, misture essas três gotas num óleo como jojoba ou amêndoas doces, que transmitem a essência, então acrescente no banho. Recomendo que você faça isso com óleos essenciais e aromáticos, pois sua pele pode ser sensível aos dois. Acrescentar algumas gotas a um óleo transmissor torna a experiência do seu banho mais segura.

Para tipos diferentes de banho, misture algumas gotas de óleo em uma xícara de leite e acrescente na água corrente enquanto a banheira enche.

Sais de banho

Sais de banho são uma maneira maravilhosa de relaxar e absorver a energia mágica ao mesmo tempo. O sal é uma substância naturalmente purificadora que também ajuda a relaxar músculos tensos. Contudo, quando uma receita de sais de banho menciona sal, isso não significa sal refinado. Sal grosso, sal kosher, sulfato de magnésio (sal de Epsom) ou uma combinação desses deve ser usada. Você pode comprar sal marinho em lojas de produtos naturais ou no mercado, sal kosher em lojas de especialidades judaicas. O sulfato de magnésio pode ser encontrado em farmácias.

Outros aditivos para sais de banho feitos em casa incluem leite em pó, corantes de origem vegetal, ervas em pó e cristais ou pedras. Se você adicionar óleo, terá um esfoliante de sal.

Você pode misturar e armazenar seus sais de banho em potes de conserva, mas lembre-se de que o sal pode corroer a tampa de metal. Procure por potes com tampas de vidro com vedação de plástico, potes com tampas de cortiça ou tampas de pressão. Nunca armazene sais de banho em latas de metal ou elas enferrujarão. E fique atenta, pois recipientes de plástico absorvem o aroma dos sais, o que dificulta a reutilização.

Em geral, use uma colher de sopa a um quarto de xícara desses sais em seu banho. Se você preferir muito sal em seu banho, aumente a quantidade lentamente para ter certeza de que não vai irritar a sua pele ou o seu organismo.

Receita básica de sal de banho

Use essa receita como base para o seu próprio sal de banho. Você pode usar qualquer combinação de sal marinho, sal de Epsom e sal kosher. Rende quatro xícaras (900 gramas).

- 2 xícaras de sal marinho ou outros sais
- 2 xícaras de bicarbonato de sódio
- 1 pote com uma tampa vedada, grande o bastante para acomodar 900 gramas

1. Misture os ingredientes no liquidificador ou no processador de alimentos. Bata até obter um pó fino.
2. Armazene no pote com tampa bem vedada.
3. Para usar, coloque ½ xícara de sais no banho sob a água corrente.

Você pode adicionar qualquer um desses elementos numa receita básica:

De 3 a 5 gotas de óleos essenciais
2 colheres (chá) de ervas desidratadas bem moídas
De 1 a 3 gotas de corante vegetal
Se a sua pele for seca, acrescente 1 colher de sopa de glicerina líquida (disponível em farmácias) para hidratar sua pele
Uma parte de farinha de aveia bem triturada
½ parte de amêndoas bem moídas

Sais de banho para prosperidade

Use esta receita quando sentir a necessidade de reforçar sua energia de prosperidade pessoal. Rende duas xícaras e meia (550 gramas).

- 1 xícara de sal marinho
- 1 xícara de sal de Epsom
- 1 pote com uma tampa bem vedada, grande o bastante para acomodar 2 ½ xícaras
- 3 gotas de óleo de laranja
- 2 gotas de óleo de canela ou 1 colher (chá) de canela em pó
- ¼ de xícara de folhas de menta moídas
- 3 gotas de corante de origem vegetal verde (opcional)

1. Misture os sais no liquidificador ou no processador de alimentos. Bata até obter um pó fino. Coloque os sais no pote e tampe. Balance para combiná-los.

2. Abra o pote novamente. Acrescente as gotas de óleo e as ervas trituradas. Tampe a jarra e balance mais uma vez para misturar.

3. Se estiver usando corante vegetal, abra o pote e acrescente as três gotas. Tampe e sacuda bem para misturar. Tenha cuidado, pois um pouco de corante de alimentos produz bastante resultado. Se quiser um tom ainda mais escuro, pingue mais uma gota e misture novamente. A cor é adicionada apenas para ressaltar a energia de prosperidade dos outros ingredientes. Se você associar outra cor à prosperidade, pode substituí-la sem o menor problema.

4. Para usar, coloque ½ xícara de sais no banho sob a água corrente.

Banhos de leite

Existe algo de extraordinariamente luxuoso em acrescentar leite na água do seu banho. O leite tem uma capacidade incrível de amaciar a pele. Contudo, se você for sensível a laticínios, não use banhos de leite.

A receita mais simples para um banho de leite é acrescentar uma xícara de leite integral (não use desnatado ou semidesnatado) na água do seu banho. Para deixar a pele ainda mais macia, acrescente uma colher de sopa de mel ao leite e misture até diluir antes de derramar na água. Se quiser, pode esquentar o leite antes para ajudar a dissolver o mel: aqueça a mistura de leite e mel por um minuto no micro-ondas. Você também pode acrescentar algumas gotas de óleo no leite morno antes de colocá-lo no banho. Mexer para misturar o óleo no leite ajuda a dispersar o óleo na água do banho, em vez de deixá-lo boiar na superfície da água.

Se quiser fazer banhos de leite com antecedência e armazená-los, use leite em pó. Quando você acrescentar uma porção na água do seu banho, ele vai se dissolver e funcionar como leite fresco.

Banho de leite e aveia

Conhecida como amaciante da pele, a aveia combinada ao leite neste banho cria uma mistura deliciosa para se ficar de molho. Experimente se estiver com a pele queimada de sol ou para amaciar a pele seca. Você também pode acrescentar algumas ervas ou algumas gotas de óleo na receita a seguir. Rende quatro xícaras (900 gramas).

> 1 xícara de amido de milho
> 2 xícaras de leite em pó
> 1 xícara de aveia seca
> 1 pote com uma tampa bem vedada, grande o bastante para acomodar quatro xícaras

1. Coloque todos os ingredientes no liquidificador ou no processador de alimentos. Bata para misturar até obter um pó fino. Coloque no pote.
2. Para usar, coloque ½ xícara da mistura de aveia sob água corrente enquanto toma banho.

Banho de leite com ervas

Este banho simples e básico de leite é uma base excelente para acrescentar quaisquer ervas, adaptando-o a qualquer necessidade mágica. Para maciez adicional, você pode usar leite de aveia como base. Rende quatro xícaras (680 gramas).

- 1 xícara de amido de milho
- 2 xícaras de leite em pó
- 2 colheres (sopa) de ervas secas
- 1 pote com uma tampa bem vedada, grande o bastante para acomodar quatro xícaras

1. Coloque todos os ingredientes no liquidificador ou no processador de alimentos. Bata até a mistura ser reduzida a um pó fino. Coloque no pote.
2. Para usar, coloque ½ xícara da mistura sob a água corrente.

Algumas misturas de ervas que podem ser adicionadas aos banhos de leite:

- **Banho energético para o inverno:** noz-moscada, canela e uma pitada de gengibre
- **Banho de jardim para o verão:** lavanda, rosas, verbena e raspas de laranja
- **Banho de bronze para o outono:** papoula, sândalo e noz-moscada
- **Banho do alvorecer da primavera:** lavanda, jasmim e flor de macieira

Faça elixires restauradores

Elixires podem ser usados para ungir objetos e pessoas, desde que não sejam feitos com componentes tóxicos. Alguns também podem ser consumidos. Outro uso para elixires é como amuletos: depois de preparados e engarrafados, podem ser mantidos em determinado lugar de modo que criem um efeito em seu entorno.

Elixires de pedra

Mergulhe um cristal na água por um determinado tempo sob a luz do sol ou do luar. Você pode deixar a pedra no líquido ou trocar o líquido se for necessário. Certifique-se de que a pedra esteja limpa e lavada antes de usá-la. Também preste atenção em purificar as energias externas do cristal, usando qualquer um dos métodos descritos no capítulo 5.

Elixires de cores

Coloque água num copo ou garrafa colorida, então deixe na luz do sol ou do luar por um tempo determinado. A luz atravessando o vidro colorido vai imbuir o líquido com a energia dessa cor. As pessoas costumam beber esses elixires quando sentem que precisam das energias de uma determinada cor.

Se você não conseguir achar um jarro da cor de que precisa, pegue um pedaço de papel colorido e embrulhe a garrafa ou a jarra. Coloque a água dentro e deixe por um ciclo lunar completo.

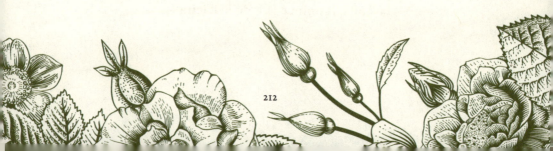

Receitas culinárias da bruxa natural

Capítulo 9

Precisamos nos lembrar de que comer é um ato sagrado. Ao consumir um alimento, seja de origem animal ou vegetal, nós forjamos uma conexão com a natureza, a fonte de nutrição. Ao absorver essa nutrição em nossos corpos, também honramos a presença da natureza dentro das nossas vidas e reconhecemos o nosso lugar em uma ordem natural. Colher e preparar os alimentos também são atos sagrados que tendemos a comprimir no menor tempo possível para ficarmos livres para outras coisas. Quando entendemos que o ato de preparar a comida é a consciência vibrando junto de várias energias para alcançar um objetivo específico, e que comer com intenção leva à assimilação dessas energias, compreendemos que preparar a comida e comer com consciência dão a essas ações um novo sentido. Este capítulo explora as energias associadas a diversos alimentos e apresenta algumas ideias de como combiná-los em receitas deliciosas.

Entre em contato com a energia das frutas

As frutas são a forma como as plantas se reproduzem e carregam energias de fertilidade e abundância. Todas as frutas possuem sementes, que são o início da vida. Pouco importa se consumimos ou não as sementes, sua energia fértil permeia a fruta inteira. As frutas também são uma ótima forma de consumir a energia sazonal, pois diferentes frutas amadurecem em diferentes momentos do ciclo sazonal.

Associações mágicas das frutas

Use a lista de correspondências a seguir para ajudá-la a escolher suas combinações de frutas para saladas, tortas e sucos:

- **Maçã:** saúde, longevidade, amor
- **Pera:** saúde, prosperidade, amor
- **Laranja:** alegria, saúde, purificação
- **Limão:** purificação, proteção, saúde
- **Lima:** felicidade, purificação, cura
- **Uva:** prosperidade, fertilidade
- **Kiwi:** fertilidade, amor
- **Banana:** fertilidade, força
- **Manga:** espiritualidade, felicidade
- **Pêssego:** espiritualidade, fertilidade, amor, harmonia
- **Abacaxi:** prosperidade, sorte, proteção
- **Ameixa:** amor, tranquilidade
- **Melão:** amor, paz
- **Morango:** amor, paz, felicidade, sorte
- **Framboesa:** força, coragem, cura
- **Mirtilo:** tranquilidade, paz, proteção, prosperidade
- **Amora:** prosperidade, proteção, abundância
- **Cranberry:** proteção, cura

Receitas com frutas

Frutas são tão deliciosas sozinhas que dificilmente precisam de alguma preparação complicada. As receitas a seguir aproveitam essa simplicidade:

Tigela de frutas

Essa receita simples reúne frutas sazonais numa tigela para exposição e consumo, o que faz dela em parte uma arte, um feitiço e uma receita. Inclua nozes para um destaque visual e para acrescentar um toque de fertilidade e abundância em sua composição. Faça uma seleção de frutas da estação, por exemplo:

Primavera: morangos, melão cantaloupe e cerejas
Verão: laranja, toranja, limões, limas, pêssegos, nectarinas, ameixas e frutas silvestres
Outono: maçãs, ameixas, pêssegos e uvas
Inverno: nozes, maçãs e laranjas

1. Lave as frutas e seque-as com um pano seco ou uma toalha de papel.
2. Disponha as frutas numa grande tigela num arranjo agradável. Use como uma oferenda em um ritual sazonal, como enfeite de mesa, como café da manhã ou sobremesa.

Salada de frutas para prosperidade

Este café da manhã ou sobremesa de frutas da estação é associado à prosperidade e abundância. Escolha a quantidade de frutas que quiser.

Pedaços de abacaxi fresco
Mirtilo
Cerejas sem caroço e cortadas ao meio
Uvas cortadas ao meio, sem sementes
Maçãs cortadas em cubos
Peras cortadas em cubos
1 colher (chá) de suco de limão
¼ de xícara de açúcar

1. Lave, seque e corte as frutas nos tamanhos apropriados.
2. Misture as frutas na tigela. Espalhe o suco de limão sobre elas.
3. Salpique o açúcar sobre as frutas e deixe descansar por uma hora.

Bebidas com frutas

Fazer bebidas com frutas é uma experiência deliciosa. Assim que terminar o preparo, você pode saborear sua bebida sem ficar com os dedos melados. Há dois tipos de *smoothies* básicos: o feito apenas com frutas, e outro feito com frutas, leite, iogurte, creme de leite ou sorvete. Essas bebidas fáceis de fazer combinam várias frutas para criar uma poção deliciosa para prosperidade, saúde ou amor.

Assim como as frutas, os laticínios também são associados à abundância, ao amor e ao conforto, então, se a energia do leite e derivados reforçarem o seu objetivo mágico, inclua-os na receita da sua bebida.

Entre os sucos de frutas simples que podem ser incluídos em seu *smoothie* sem derivados de leite estão os de maçã, pera e uva verde. Você também pode usar cranberry e laranja, mas eles têm um sabor mais forte e podem não combinar com a mistura de frutas que você escolheu. Conforme você experimenta os *smoothies*, pode sentir o desejo de adicionar uma colher de chá de suco de limão ou lima para acentuar o sabor.

Smoothie sem derivados de leite

Esta receita rende uma porção, mas pode ser aumentada para servir mais pessoas. Se você resolver usar melancia como uma das frutas, retire o suco da receita do *smoothie*, ou ele ficará ralo demais.

A fruta à sua escolha (veja a lista anterior para saber as associações)
¼ de xícara de suco de fruta (maçã, pera ou uva verde)
De ¼ a 1 colher (chá) de açúcar, ou defina a gosto
Frutas para decoração

1. Descasque, tire as sementes e corte as frutas em pedaços.
2. Coloque os pedaços no liquidificador com o suco de fruta e o açúcar, se usar.
3. Feche e bata até obter uma bebida cremosa.
4. Sirva no copo. Decore com frutas na borda, no copo e no pires, e arrume pedaços de frutas na base como um enfeite.

Smoothie de frutas com derivados de leite

Essa versão do *smoothie* de frutas incorpora o iogurte como ingrediente. Para uma bebida mais rala, use leite; para uma mais encorpada, mais doce, com um quê de sobremesa, use sorvete. Para uma bebida sem ingredientes de origem animal, tente leite de amêndoas ou soja, ambos têm sabor adocicado. (Evite o açúcar se usar esses leites.)

De ¾ a 1 xícara de frutas à sua escolha
¼ de xícara de iogurte
1 colher (chá) a 1 colher (sopa) de açúcar
Frutas para decorar

1. Descasque, tire as sementes e corte as frutas em pedaços.
2. Coloque os pedaços de fruta no liquidificador com o iogurte e o açúcar.
3. Bata até obter uma bebida cremosa.
4. Sirva no copo. Decore com frutas na borda, no copo e no pires, e arrume pedaços de frutas na base como um enfeite.
5. Se a bebida estiver muito espessa, misture um pouco de leite. Se não estiver cremosa o bastante, volte para o liquidificador e coloque mais frutas.

Integre o poder das flores

Embora geralmente pensemos nas ervas como temperos, as flores também podem ser usadas no cozimento e na confeitaria criando sabores sutis e maravilhosos. Você pode acrescentar flores inteiras ou pétalas na sua comida, mas é comum querer o sabor sem a substância vegetal. Xaropes, águas e pétalas preservadas são formas práticas de usar os sabores das flores. Para associações mágicas das flores, veja o capítulo 5.

Uma quantidade surpreendente de flores é comestível. Explore as flores disponíveis na sua região e descubra quais delas podem ser comidas de modo seguro, checando o nome botânico de suas variedades locais em um livro confiável. Em geral, as flores a seguir são seguras para o consumo, desde que não tenham sido tratadas com pesticidas nem cultivadas em solo desconhecido:

- Agrião
- Amor-perfeito
- Angélica
- Borragem
- Calêndula
- Camomila
- Chicória
- Dente-de-leão
- Flor de macieira
- Flor de sabugueiro
- Lavanda
- Levístico
- Lilás
- Manjericão
- Menta
- Monarda
- Tília
- Trevo vermelho
- Violeta

Flores cristalizadas

Este é um jeito maravilhoso de preservar as flores para usar no futuro. Use-as para decorar bolos e sobremesas, assim como oferendas num ritual.

Ovos são associados com prosperidade, cura, proteção e saúde. O açúcar está ligado ao amor e à felicidade. A flor comestível que você escolher para cristalizar vai acrescentar sua energia específica. Sugiro pétalas de rosa (amor, felicidade), violetas doces (paz, harmonia), agrião (amor, felicidade), ramos de lavanda (paz, felicidade, harmonia). Algumas ervas, como o alecrim, também podem ser cristalizadas para criar um complemento saboroso para sabores cítricos. Experimente.

Cristalização básica das flores

2 xícaras de flores comestíveis orgânicas
½ xícara de açúcar de confeiteiro (ou frutose)
¼ de xícara de claras de ovos batidas (de três ovos grandes)
Pinça
Pincel pequeno
Colher
Tigela
Papel-manteiga
Recipiente com tampa hermética

1. Lave suavemente e seque as flores. Você pode separar as pétalas individuais dos caules ou retirar as flores inteiras dos talos. Descarte folhas e caules.
2. Coloque o açúcar numa tigela, as claras batidas em outra.
3. Pegue a flor ou a pétala com a pinça. Use o pincel e passe uma fina camada de clara de ovo em toda a superfície das flores e das pétalas.
4. Passe a flor na tigela de açúcar. Use a colher, salpique um pouco mais de açúcar sobre a flor até cobri-la completamente.

5. Usando a pinça, remova as flores da tigela e coloque-as sobre o papel-manteiga.

6. Continue com as demais flores.

7. Salpique as flores no papel-manteiga com mais açúcar, se necessário. Deixe secar até endurecer, no mínimo oito horas. Se o seu ambiente for úmido, arrume as flores numa assadeira coberta de papel-alumínio em vez de papel-manteiga, e coloque-a num forno levemente aquecido. A flores devem estar bem secas antes que você as armazene entre camadas de papel-manteiga no recipiente hermeticamente fechado.

Água de flores

Embora água de flores possa ser usada no preparo de quaisquer receitas que precisem de água, ela também é conhecida como um ótimo enxaguante facial. A água de rosas talvez seja a mais conhecida, mas você pode fazer variações com flores comestíveis. Pense nas associações mágicas, seja qual for o propósito para o qual você tem a intenção de usar a água, e escolha as flores de acordo. Experimente esfriar a água de flores numa garrafa em spray, então borrifá-la em seu corpo e rosto durante o verão; é uma forma maravilhosa de se refrescar. Você também pode misturar águas florais. Prepare cada água separadamente, uma água por flor, então combine as águas florais em novas misturas. Por exemplo, tente juntar lavanda e violeta para se refrescar de um jeito leve antes de ir se deitar no verão. Lembre-se de usar apenas flores que não foram borrifadas com pesticidas.

Se quiser armazenar águas florais por mais de uma semana para usar depois, congele-as numa fôrma de gelo. Retire os cubos e coloque-os num saco vedado claramente identificado.

Você pode aumentar ou reduzir a receita desde que você respeite as proporções. Se fizer uma água floral e não ficar satisfeita com o resultado, aumente ou diminua a quantidade de pétalas na próxima tentativa. Lembre-se de que águas florais não devem ser infusões fortes ou chás; devem ser apenas um toque suave do sabor e aroma das flores.

Água de gerânio

Esta receita usa as folhas aromáticas do gerânio. Você pode usar esta água floral para substituir a água em qualquer receita. O gerânio é associado ao amor e à paz.

> 3 gerânios grandes lavados
> 1 jarra de vidro com tampa (500 ou 750 ml)
> 2 xícaras de água fervente

1. Coloque as folhas do gerânio no jarro e derrame a água fervente. Deixe descansar até esfriar.
2. Remova as folhas. Preserve a água floral na geladeira por, no máximo, uma semana.

Xaropes de flores

Xaropes florais são ótimos substitutos do mel para adoçar chás. Também são um complemento delicado quando servidos sobre sorvete de baunilha e pão de ló numa sobremesa simples.

Xarope de violeta

Faça essa receita com violetas adocicadas recém-colhidas. Lembre-se de usar flores que não foram borrifadas com pesticidas e tenha o cuidado de lavá-las e secá-las bem. As associações mágicas deste xarope são paz, harmonia e felicidade. Rende aproximadamente 950 ml de xarope.

2 xícaras de água, separadas

2 xícaras de violetas

2 tigelas fundas de porcelana

Coador

Morim

Panela resistente a altas temperaturas (experimente de vidro, se puder; algumas pessoas acham que o metal pode afetar o sabor)

3 xícaras de açúcar granulado

1 e ½ colher (sopa) de suco de lima

1 garrafa de vidro limpa ou um pote com tampa

Água com gás ou água tônica

1. Ferva uma xícara de água.

2. Coloque as pétalas de violeta numa tigela funda de porcelana e derrame água fervente. Deixe descansar por 24 horas.

3. Alinhe o coador e o tecido de morim e derrame a infusão de violeta sobre eles, coando-a dentro da outra tigela de porcelana. Esprema as flores para retirar até a última gota de infusão. Descarte as pétalas.

4. Na panela, coloque o açúcar, o suco de lima e a segunda xícara de água separada para esquentar. Ferva com cuidado até a mistura engrossar um pouco.

5. Acrescente a água de violeta. Deixe a mistura ferver de 5 a 10 minutos, até engrossar ainda mais.

6. Retire a mistura do calor e coloque-a na garrafa limpa ou no pote. Tampe e etiquete o recipiente com a data. Guarde na geladeira.

7. Para servir, coloque cerca de ¼ de xícara no fundo de um copo de vidro e complete com água com gás. Mexa para diluir o xarope. Ponha gelo. Ajuste a quantidade de xarope e água de acordo com seu paladar.

Você também pode usar o xarope como base para refrigerantes caseiros feitos com gengibre e limão. Nesse caso, ajuste a quantidade de xarope para uma colher de sopa (ou a gosto). Tente adicionar o xarope à receita ou usá-lo para adoçar seu chá, café ou o copo de leite morno antes de se deitar.

Açúcares de flores

Delicados açúcares com sabor de flores são ótimas opções para misturar aos seus chás.

Açúcar de lavanda

Esta receita é diferente de outros tipos de açúcares aromatizados em que a matéria vegetal é misturada ao açúcar. Aqui, as flores não são peneiradas. As associações mágicas são paz, felicidade, amor e harmonia.

> 1 parte de flores de lavanda (tire os caules)
> 1 parte de açúcar granulado
> Pote com tampa, bem vedado

1. Coloque as flores de lavanda e o açúcar no liquidificador.
2. Bata por 3 minutos ou até o açúcar e as flores estarem em pedaços bem pequenos e bem misturados.
3. Coloque no pote bem vedado e armazene por até um mês.

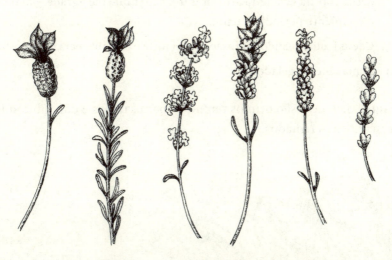

Produza vinagres para o vigor

Todas conhecemos vinagres de ervas, que são fáceis de fazer. Apenas pique ou bata um punhado de ervas frescas que você queira infundir e coloque a mistura numa jarra de vidro ou num pote de tampa bem vedada. Cubra as ervas com vinho, cidra ou vinagre de arroz, tampe e deixe descansar por, no mínimo, de duas a três semanas na geladeira, sacudindo-a periodicamente. Peneire a matéria vegetal (ou ela vai azedar). Prove. Se o sabor não estiver forte o suficiente, acrescente uma nova porção de ervas picadas ou batidas à sua infusão, tampe e deixe descansar por mais uma semana. Confira semanalmente. Quando você obtiver o sabor desejado, coe as ervas. (Se o sabor não estiver forte o suficiente por volta de três semanas, coe a segunda leva de ervas e substitua por uma nova porção.)

Vinagre de frutas são menos conhecidos, mas são fabricados com o mesmo método:

1. Pique ou esmague uma xícara de fruta e coloque-a num recipiente de vidro com uma tampa bem vedada. (Não coloque frutas demais, ou os açúcares naturais vão se contrapor às qualidades ácidas naturais do vinagre.)

2. Cubra a fruta com cidra ou vinagre branco. Vede o pote e deixe-o descansar na geladeira até obter um sabor que lhe agrade. Balance o recipiente periodicamente.

3. Coe as frutas quando a infusão estiver forte o bastante para o seu gosto.

4. Armazene na geladeira.

Vinagres de frutas são ótimos temperos para saladas e dão um toque refrescante a marinados.

Adoce com açúcares aromatizados

Açúcares aromatizados podem ser usados no lugar de qualquer açúcar na confeitaria ou para adoçar seu chá. Tente polvilhar na granola ou no muesli durante o café da manhã, ou salpique sobre uma torrada quente com manteiga para um lanche doce. Coloque uma colher de chá de açúcar aromatizado no chantilly enquanto você o bate para um toque floral suave, para acompanhar as frutas silvestres ou bolos. Para fazer um açúcar aromatizado, tente a seguinte receita:

1. Alterne camadas de ervas secas limpas com açúcar granulado num recipiente e tampe bem.

2. Deixe maturar por, no mínimo, três semanas. Se os sabores que você escolheu forem fortes (como cravo e canela, por exemplo), confira o açúcar depois de duas semanas. Se forem mais delicados, talvez você queira deixar as ervas por mais tempo para fortalecer o sabor.

    Não use ervas ou temperos em pó nesse projeto. Use frutas inteiras ou sementes secas. Por exemplo, coloque cravos inteiros ou quebre um pau de canela em pedaços menores e coloque-os no açúcar.

Para açúcares florais é importante separar as pétalas e ter certeza de que as partes verdes, como cálices e caules, sejam retiradas. Talvez você queira retirar a parte branca na ponta das pétalas onde elas se juntam ao caule (o pistilo). Certifique-se de que escolheu uma flor comestível. Embora você vá retirar as pétalas ao terminar, os óleos e o sabor delas vão permanecer. E por mais que o aroma seja interessante, você não pode julgar se uma flor é segura por esse critério.

A seguir, algumas sugestões de flores e ervas seguras que podem ser usadas sozinhas ou combinadas para criar deliciosos açúcares aromatizados.

- Lavanda
- Favas de baunilha
- Rosa
- Violeta
- Folhas de menta
- Flor de laranjeira
- Gerânio perfumado

Açúcar aromatizado

Não substitua temperos secos como cravo e canela por ervas nesta receita; o sabor resultante seria muito intenso. Para um açúcar feito com temperos secos, veja a receita de açúcar temperado. Rende uma xícara de açúcar aromatizado floral ou herbário.

Pote de vidro limpo com uma tampa bem vedada
1 xícara de açúcar granulado
1 xícara de ervas ou flores limpas, frescas ou secas

1. Coloque ¼ da xícara de açúcar no fundo do pote de vidro.

2. Espalhe ¼ da xícara de ervas ou pétalas sobre o açúcar.

3. Polvilhe mais ¼ de xícara de açúcar nas ervas.

4. Repita alternando as camadas de açúcar e de pétalas ou ervas. Deixe um espaço de até 1,5 cm entre a última camada e a tampa do pote.

5. Feche o pote com firmeza e balance a mistura para dispersar a matéria vegetal através do açúcar.

6. Guarde o pote em um local fresco e escuro, deixe-o descansar de três semanas a um mês antes de usar.

7. Se pretende usar o açúcar aromatizado para cozinhar ou fazer bolos, peneire as ervas e pétalas. Se você deixar a matéria vegetal no açúcar, lembre-se de que quanto mais tempo elas estiverem ali, mais intenso se torna o sabor. Conforme for usando o açúcar aromatizado, encha o pote com açúcar normal. Tampe e sacuda e ele absorverá a fragrância das flores ou ervas do pote.

8. Se você vive em um ambiente úmido, fique de olho nas ervas ou nas flores, pois elas podem começar a mofar ou apodrecer. Se isso acontecer, jogue o açúcar fora. Para evitar que isso aconteça, todas as flores e ervas devem estar bem secas quando você começar. Peneire a matéria vegetal e separe-a do açúcar assim que obtiver a intensidade de sabor desejada.

Açúcar temperado

Esta receita cria um açúcar temperado maravilhoso muito adequado para confeitaria ou para adoçar seu café ou chá preto ou para ser acrescentado a coberturas crocantes de bolos ou tortas de frutas. Se você quiser fazer seu açúcar com apenas um tempero (como açúcar de canela), você pode enfiar paus de canela num açucareiro. Deixe esse pote num lugar fresco e seco para maturar por, no mínimo, duas semanas. Conforme usa o açúcar temperado, complete o pote com mais e chacoalhe.

1 xícara de açúcar granulado
1 colher (chá) de canela em pó
1 colher (chá) de cravo moído
1 colher (chá) de noz-moscada
2 colheres (chá) de gengibre moído
Pote de vidro limpo com uma tampa bem vedada

1. Numa tigela pequena, misture todos os temperos.

2. Coloque ¼ da xícara de açúcar no fundo do pote.

3. Ponha ¼ da mistura de temperos por cima do açúcar.

4. Cubra a mistura de temperos com mais ¼ de xícara de açúcar. Continue alternando as camadas de tempero e açúcar. Deixe um espaço de 1,5 cm entre a última camada e a tampa do pote.

5. Balance o pote para misturar.

6. Guarde o pote em um local fresco e escuro, deixe-o descansar por duas semanas antes de usar.

7. Se você não tiver canela em pó ou cravo, coloque pedaços pequenos de canela em pau ou um ou dois cravos inteiros por camada de tempero. Lembre-se de peneirar o açúcar antes de usar. Acrescente favas de baunilha para tornar seu açúcar temperado ainda mais delicioso!

Fortaleça sua saúde com vegetais

Assim como as frutas, os legumes são portadores visíveis das sementes e, portanto, carregam associações mágicas com ciclos e fertilidade. Por isso, quando você cozinha, pode escolher seus legumes por suas associações sazonais e comê-los para alinhar sua energia com a da estação. Você também pode escolhê-los por suas associações mágicas.

Aqui está uma lista de vegetais comuns e suas correspondências:

- **Abóbora:** harmonia e abundância
- **Alface:** fertilidade, paz, harmonia e proteção
- **Alho:** cura, proteção, banimento e purificação
- **Alho-poró:** proteção e harmonia
- **Batatas:** fertilidade, proteção e abundância
- **Brócolis:** proteção e abundância
- **Cebola:** proteção, exorcismo, cura e prosperidade
- **Cenoura:** fertilidade e saúde
- **Cogumelos:** força, coragem, cura e proteção
- **Couve-flor:** proteção e fertilidade
- **Ervilhas:** amor e abundância
- **Feijão:** amor, família e proteção
- **Pepino:** fertilidade, cura e harmonia
- **Repolho:** proteção e prosperidade
- **Salsão:** amor, tranquilidade e concentração
- **Tomate:** amor e proteção

Sopas

A sopa é uma forma maravilhosa de usar legumes e verduras. Um prato principal de sopa com um pão integral pode ser uma forma satisfatória de apreciar esses alimentos saudáveis. Seguem algumas receitas práticas de sopas feitas com legumes e verduras para diferentes estações.

Gazpacho

Esta sopa fria é uma refeição refrescante para o solstício de verão ou um acompanhamento delicioso para carnes grelhadas. As associações mágicas dessa sopa incluem prosperidade, saúde, amor, proteção, paz e harmonia. Esta receita é um sonho da bruxa natural, pois cobre quase todas as sete áreas básicas da sua atenção. O pimentão verde é associado à prosperidade, o pepino, à paz, harmonia e saúde; tomates estão relacionados com o amor e a saúde, o salsão com a paz, o alho e a cebola com a proteção e a saúde; os abacates são ligados ao amor. Serve de quatro a seis porções.

2 pimentões verdes sem o centro, sem sementes e picados
1 pepino grande, sem casca e fatiado
1 kg de tomate, sem sementes e picado
1 talo de aipo picado
1 cebola média, descascada e picada
2 dentes de alho descacados
1 abacate médio picado (opcional)
¼ de colher (chá) de pimenta-do-reino recém-moída
1 pitada de manjericão
1 pitada de salsinha
⅓ de xícara de azeite oliva
1 colher (chá) de suco de limão
¼ de xícara de vinagre de vinho tinto
2 latas (340 a 425 g) de suco de tomate

1. No liquidificador, misture os sete primeiros ingredientes em pequenas porções e bata até obter uma mistura uniforme.
2. Coloque numa tigela grande. Acrescente os demais ingredientes e mexa bem para misturar.
3. Cubra e deixe gelar por cinco horas ou de um dia para o outro. Mexa bem e prove antes de temperar e servir. Faça ajustes, se necessário.
4. Sirva em tigelas ou em canecas grandes. A sopa pode ser servida com *croutons*, *sour cream*, iogurte ou salsinha.

Sopa de maçã, amêndoas e curry

Um toque refrescante numa receita comum, esta sopa é uma refeição adorável para ser servida por volta do equinócio do outono. As associações mágicas dela incluem saúde e cura, prosperidade e proteção. As maçãs correspondem à saúde, à cura, ao amor, à proteção e à imortalidade. As amêndoas carregam a energia da prosperidade e da cura. O curry está ligado à proteção. Serve de quatro a seis porções.

¼ de xícara de manteiga
1 cebola média, descascada e picada
700 g de maçãs descascadas, sem o miolo e cortadas
6 colheres (sopa) de amêndoas moídas
4 xícaras de caldo de galinha ou de vegetais
½ colher (chá) de curry em pó
¼ colher (chá) de sal
¼ colher (chá) de pimenta-do-reino recém-moída, ou a gosto
½ xícara de creme de leite, iogurte sem açúcar ou leite de amêndoas
Amêndoas fatiadas e tostadas para decoração

1. Derreta a manteiga numa panela grande. Acrescente as cebolas e refogue até que elas amoleçam (por volta de 5 minutos). Junte as maçãs picadas e misture levemente por 2 a 3 minutos.
2. Espalhe as amêndoas moídas sobre as maçãs e as cebolas e mexa de 1 a 2 minutos.
3. Despeje o caldo, ponha o curry e deixe ferver. Acrescente sal e pimenta a gosto.
4. Coloque em fogo baixo. Cubra e deixe cozinhar por 20 minutos. As maçãs devem amolecer.
5. Retire a panela do calor e deixe esfriar um pouco. Coloque a sopa no liquidificador ou no processador e bata até ter uma textura uniforme.
6. Passe a sopa por uma peneira ao levá-la de volta à panela. Ponha o creme de leite ou iogurte ou leite de amêndoa e mexa até diluir. Teste o tempero e ajuste se necessário. Se a sopa estiver muito grossa, adicione um pouco de caldo. Reaqueça suavemente.
7. Sirva quente, decorada com algumas amêndoas fatiadas tostadas e uma pitada extra de curry, se desejar.

Sopa de tomate

Tomates tradicionalmente são associados com amor e à proteção. Eles também são cheios de vitaminas, o que faz deles um fruto ideal para ser usado com a intenção de melhorar a saúde. O manjericão também é associado ao amor, à alegria e à espiritualidade. As associações mágicas desta sopa incluem prosperidade, saúde, cura e amor. Rende de quatro a seis porções.

2 colheres (sopa) de azeite de oliva
1 cebola média, sem casca, em pedaços
2 dentes de alho, sem casca e bem picados
1 a 2 colheres (sopa) de pesto genovês fresco (opcional)
4 xícaras de tomates frescos picados
2 xícaras de caldo de galinha ou de vegetais
¼ de colher (chá) de sal
¼ de colher (chá), ou a gosto, de pimenta-do-reino recém-moída
Manjericão fresco recém-picado como complemento
2 colheres (sopa) de queijo Asiago ou muçarela, ralados, como complemento

1. Esquente o azeite numa panela grande. Coloque a cebola, o alho e o pesto (se for usar). Refogue por 5 minutos em fogo médio até a cebola amolecer.

2. Acrescente os tomates e o caldo. Mexa bem e deixe ferver. Acrescente o sal e a pimenta.

3. Reduza a temperatura para fogo baixo. Tampe a panela e deixe cozinhar de 15 a 20 minutos, mexendo ocasionalmente.

4. Retire a sopa do calor e deixe-a esfriar um pouco. Coloque-a no liquidificador ou no processador de alimentos e bata a porção até obter uma textura uniforme. Coe despejando numa panela limpa e remova qualquer parte espessa.

5. Leve a sopa de volta ao fogo e aqueça suavemente. Experimente o tempero e ajuste se necessário. Coloque mais caldo se a sopa estiver muito grossa.

6. Sirva em tigelas quentes. Salpique o manjericão fresco picado e um pouco de queijo Asiago ou muçarela ralada e uma pitada de pimenta-do-reino recém-moída.

Sopa de cenoura, coentro e laranja

Este é uma sopa maravilhosa para o final do verão e o início do outono. As associações mágicas dela incluem saúde e felicidade. As cenouras estão ligadas à saúde e à energia vital; as laranjas são associadas à saúde e à felicidade. Ambas têm uma coloração alaranjada vibrante relacionada à saúde, ao sucesso e à energia solar. O coentro nesta receita traz a energia do amor, da criatividade e da vitalidade. Rende de quatro a seis porções.

3 colheres (sopa) de azeite de oliva
1 cebola, descascada e muito bem picada
700 g de cenoura, descascada e em fatias finas
2 a 3 colheres (sopa) de coentro picado
¼ de colher (chá) de sal
¼ de colher (chá) de pimenta-do-reino recém-moída, ou a gosto
4 xícaras de caldo de galinha ou de vegetais
¼ de xícara de suco de laranja recém-espremido
Tiras finas de casca de laranja (opcional para decoração)
Sementes de coentro recém-esmagadas (opcional para decoração)

1. Esquente o azeite numa panela grande. Coloque a cebola e refogue suavemente por 5 minutos ou até que amoleça.

2. Coloque as cenouras, o coentro, o sal e a pimenta a gosto. Tampe e deixe cozinhar por 5 minutos para amolecer as cenouras, balançando a panela de tempos em tempos para evitar que os ingredientes grudem no fundo.

3. Adicione o caldo e mexa. Deixe ferver. Abaixe o fogo, tampe a panela. Deixe cozinhar por cerca de 30 minutos até que as cenouras estejam macias.

4. Retire a panela do fogo e deixe esfriar um pouco. Coloque o caldo no processador de alimentos ou no liquidificador e bata em pequenas porções até obter uma textura uniforme. Coe a sopa numa panela limpa e remova quaisquer pedaços.

5. Acrescente o suco de laranja e reaqueça suavemente. Acrescente mais caldo caso a sopa esteja muito grossa. Prove o tempero e ajuste se necessário.

6. Sirva em tigelas aquecidas. Se desejar, decore com as tiras finas de casca de laranja e as sementes de coentro esmagadas.

Sopa de cebola

A sopa de cebola é uma forma deliciosa de se aquecer no inverno. As associações mágicas desta receita incluem saúde e proteção. As cebolas carregam energias de proteção contra o mal e o perigo, e de boa saúde. Elas também são alimentos excelentes para serem consumidos com intuito de fortalecer o sistema imunológico e combater doenças. A salsinha é associada à proteção, à prosperidade e à fertilidade. Serve de quatro a seis porções.

6 colheres (sopa) de manteiga

4 a 6 cebolas brancas grandes, descascadas e picadas

3 colheres (sopa) de açúcar mascavo

2 colheres (sopa) de farinha de trigo

4 xícaras de caldo de galinha ou de legumes

2 colheres (sopa) de salsinha fresca picada

¼ de colher (chá) de sal, ou a gosto

¼ de colher (chá) de pimenta-do-reino recém-moída, ou a gosto

¼ de xícara de xerez ou vinho do porto (opcional)

Baguete ou *croutons*, para servir

1 xícara de muçarela ralada, para servir

Salsinha picada, para servir

1. Derreta a manteiga numa panela grande. Coloque as cebolas e o açúcar mascavo em fogo médio ou baixo, mexendo por 15 minutos ou até que se forme um caramelo de consistência pegajosa. Retire a panela do fogo.
2. Mexendo sempre, acrescente a farinha, derramando-a no caldo lentamente, sem deixar de misturar. Coloque a panela novamente no fogo, mexendo a intervalos regulares. Acrescente a salsinha, o sal e a pimenta a gosto.
3. Tampe e deixe ferver em fogo baixo por cerca de 20 minutos, mexendo ocasionalmente.
4. Acrescente o xerez ou o porto (se for usar). Prove e ajuste o tempero se for necessário.
5. Sirva em tigelas aquecidas. Decore com uma fatia de baguete tostada ou *croutons*, salpique com o queijo ralado e a salsinha picada. Se desejar, coloque as tigelas numa assadeira sob a grelha por 1 minuto para que o queijo derreta completamente.

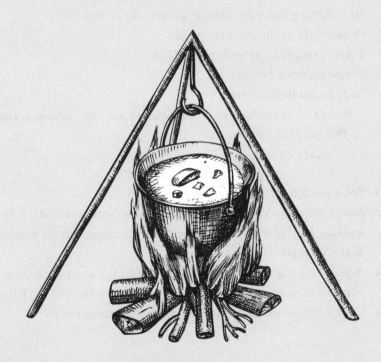

Incorpore a bondade dos grãos

Grãos — trigo, cevada, arroz, milho — geralmente representam segurança, abundância, fertilidade, ciclos e prosperidade. Aqui estão duas receitas de entradas com grãos. Ambas incorporam ervas, que magicamente são associadas ao amor e à saúde. Você pode adaptar as ervas de acordo com a sua preferência.

Arroz de queijo e ervas

As associações mágicas do arroz abrangem a fertilidade, a prosperidade e a abundância, motivo pelo qual existe a tradição de jogá-lo em casais recém-casados. Esta receita é um bom acompanhamento para uma carne robusta ou um prato vegetariano denso. Serve de quatro a seis porções.

> 1 xícara de arroz branco cru
> De 1 xícara e ¾ a 2 de caldo de galinha ou de legumes
> ½ xícara de queijo cheddar picado
> 1 cebola pequena, sem casca e ralada
> 2 ovos grandes, batidos
> ¼ de xícara de manteiga
> ½ xícara de ervas frescas picadas (como alecrim, salsinha, tomilho, orégano, cebolinha)
> 1 e ½ xícara de leite

1. Pré-aqueça o forno em 120 °C.
2. Numa panela média, ponha o caldo para ferver. Acrescente o arroz e mexa. Abaixe o fogo, tampe e deixe cozinhar por 20 minutos. Retire do fogo.
3. Acrescente o queijo, as cebolas e a manteiga ao arroz cozido na panela e misture bem. Acrescente suavemente as ervas e o leite.
4. Coloque a mistura numa assadeira de 1,8 l. Asse por 1h30.

Tiras de polenta com ervas

Polenta é a farinha de milho cozida num creme sólido com uma textura semelhante a um purê de batatas macio. Pode ser servida como acompanhamento para arroz ou batatas. Assim como o amido, é muito versátil e pode ser temperada ou deixada simples, se você quiser. Para fazer polenta, use farinha de milho com a consistência de areia (a consistência semelhante à farinha de trigo é muito fina). O truque é nunca parar de mexer. Na magia, o milho é associado à prosperidade, à saúde e à fertilidade. Essas fatias são excelentes quentes, mas também podem ser comidas frias. Elas são maravilhosas servidas com uma salada de legumes e verduras como prato principal. As correspondências mágicas deste prato incluem prosperidade, saúde e proteção. Serve oito porções como acompanhamento e quatro como prato principal.

2 e ½ xícaras de caldo de galinha ou de legumes

⅔ de xícara de farinha de milho

¾ de xícara de queijo de sabor acentuado, ralado (pode ser gruyère, suíço ou emmental)

3 colheres (sopa) de manteiga, usadas separadamente

1 e ½ colher (chá) de alecrim fresco

1 colher (chá) de tomilho fresco

1 colher (chá) de salsinha fresca

Sal e pimenta (opcional)

8 pequenos ramos de ervas para decoração (opcional)

1. Use a manteiga para untar um pirex redondo de vidro com aproximadamente 20 cm de diâmetro. Pré-aqueça o forno em 180 °C.

2. Coloque o caldo para ferver numa panela resistente ao calor. Adicione a farinha de milho lentamente num ritmo constante, mexendo sempre com a colher de pau.

3. Abaixe o fogo ao mínimo e continue mexendo até a mistura engrossar (de 6 a 8 minutos). Retire a panela do calor.

4. Acrescente o queixo ralado e metade da manteiga. Mexa até que o queijo derreta e esteja incorporado à polenta.

5. Misture as ervas frescas recém-picadas. Tempere com sal e/ou pimenta se desejar.
6. Transfira a polenta para o pirex untado. Espalhe igualmente. Deixe esfriar até endurecer (por volta de 30 minutos).
7. Forre a assadeira com papel alumínio. Corte a polenta fria em oito fatias. Remova cada fatia do pirex e coloque na assadeira, virando de ponta-cabeça para que o lado de baixo fique virado para cima. Passe um pouco da manteiga restante sobre cada fatia.
8. Asse até a polenta ser totalmente aquecida (cerca de 10 minutos). Nos últimos 1-2 minutos, disponha os ramos de ervas sobre as fatias.

Por último, mas não menos importante, aqui vai uma receita de pão. A farinha de pão é baseada em trigo e, assim como outros grãos, carregam uma associação mágica com a prosperidade. O pão em si representa a estabilidade, a harmonia e o sucesso.

Pão camponês de ervas

Esta receita é uma boa base para qualquer combinação de ervas que pode ser acrescentada. Tente usar ervas frescas, mas se você usar ervas secas, assegure-se de picá-las ou moê-las muito bem. Este pão é maravilhoso para comer ainda morno com bastante manteiga. As associações mágicas dele são a saúde, a prosperidade, a abundância e a estabilidade. Rende um pão.

1 colher (chá) de açúcar

1 xícara de água morna (por volta de 45 °C), a ser usada aos poucos

2 colheres (chá) bem cheias de fermento (ou um pacote)

1 colher (chá) de sal

2 xícaras de farinha, além da que será usada para sovar a massa

1 colher (sopa) de alecrim fresco picado

1 colher (sopa) de tomilho fresco picado

1 colher (sopa) de endro fresco picado

1 colher (sopa) de cebolinha fresca picada

1 colher (sopa) de azeite de oliva, além do que
   será usado para cobrir a massa

1. Em uma xícara ou tigela, misture o açúcar em ¼ xícara de água morna, polvilhe o fermento sobre o líquido e deixe-o reagir até espumar (cerca de 5 minutos).

2. Numa tigela grande, misture o sal na farinha. Faça um buraco na farinha e derrame o fermento diluído.

3. Acrescente as ervas e uma colher de sopa de azeite à mistura. Mexa para incorporar bem todos os ingredientes.

4. Acrescente lentamente a água morna restante conforme a sua mistura se torna uma bola firme de massa. Se colocar água demais, apenas adicione farinha para compensar.

5. Raspe as laterais da tigela e junte essas sobras à massa. Salpique um pouco de farinha na massa e na tigela. Cubra o recipiente com um pano limpo e úmido e deixe a massa descansar num lugar morno e seco até que ela dobre de tamanho (por volta de 1h30).

6. Remova a massa da tigela e coloque-a numa superfície limpa e coberta de farinha. Sove a massa por aproximadamente 5 minutos até que ela fique suave e elástica. Salpique farinha sobre a superfície na qual você trabalha a massa para que ela não fique pegajosa.

7. Modele a massa num círculo achatado com cerca de 2,5 cm de altura ou num cilindro. Acomode-a na assadeira. Pincele a parte de cima do pão com azeite e deixe-o crescer até a altura que você desejar. (O forno ligeiramente morno é um bom lugar para deixar a massa crescer.)

8. Aqueça o forno em 200 ºC. (Se o seu pão estiver crescendo no forno, retire-o com cuidado e então aqueça o forno.) Asse o pão por 10 min, ou até que ganhe um tom marrom-dourado.

Outras misturas de ervas maravilhosas que podem ser muito boas para dar um toque mágico para sua massa de pão:

2 colheres (sopa) de alecrim, 1 colher (sopa) de orégano e 1 colher (sopa) de tomilho
1 cebola pequena (descascada e picada) e 2 colheres (chá) de endro
1 cebola pequena (descascada e picada) e 1 ou 2 dentes de alho (descascados e ralados)

As associações mágicas das substâncias naturais

Apêndice

Esta lista de correspondências mágicas, assim como qualquer outra neste livro, foi reunida ao longo dos meus anos de prática e inclui minhas associações pessoais e as tradicionais. Além de meu trabalho e experimentação pessoal, minhas fontes ao longo dos anos incluem *A Modern Herbal* [Herbário moderno], de Mrs. M Grieve, *Encyclopedia of Magical Herbs* [Enciclopédia de ervas mágicas], de Scott Cunningham, *The Master Book of Herbalism* [O grande livro de herbalismo] e *A Compendium of Herbal Magick* [Um compêndio de magia herbal], de Paul Beyerl, e *The Wicca Herbal* [O herbário Wicca], de Jamie Wood.

ACHILLEA: casamento, coragem, amor e amizade, habilidades psíquicas e quebra de maldições

ALCAÇUZ (REGALIZ): amor, luxúria, proteção e fidelidade

ALECRIM: limpeza, proteção, cura, longevidade, melhora a memória e a concentração

AMÊNDOA: amor, dinheiro, cura e sabedoria

ANGÉLICA: proteção, quebra de maldições, cura, habilidades psíquicas, bênção do lar e purificação

ANIS: habilidades psíquicas, luxúria, sorte, purificação, amor

ARRUDA: proteção, habilidades mentais, purificação, saúde e conforto

ARTEMÍSIA (LOSNA): adivinhação, proteção, força, cura, poder psíquico, fertilidade e protege viajantes

AVELÃ: habilidades mentais, fertilidade, sabedoria e sorte

BAUNILHA: amor, prosperidade, luxúria, energia, habilidades mentais, criatividade

BENJOIM: purificação, cura e prosperidade

BÉTULA: proteção, purificação, novos começos e crianças

BORDO: doçura, prosperidade, casamento e dinheiro

CABEÇA DE ALHO: cura, bênção para o lar, proteção e antirroubo

CAMOMILA: cura, purificação, acalma a ansiedade, cura a má sorte, acalma crianças

CANELA: cura, amor, sucesso, purificação, proteção, dinheiro e consciência psíquica

CARVALHO: purificação, proteção, prosperidade, saúde e cura, dinheiro, fertilidade, sorte e força

CEBOLA: saúde, proteção e purificação

CEDRO: cura, purificação, proteção e prosperidade

CIPRESTE: proteção, conforto e cura

COENTRO: cura, amor e luxúria

COMINHO: proteção, antirroubo, amor, fidelidade

CONFREI (CONSÓLIDA): cura, prosperidade, proteção e viagens

DENTE DE ALHO: proteção: habilidades mentais, atração, purificação e conforto

DENTE-DE-LEÃO: longevidade, melhora habilidades psíquicas, intuição, limpeza espiritual e emocional

ENDRO: proteção, amor, atração, dinheiro, força, sorte, facilita o sono, habilidades mentais, perda de peso

ERVA-DE-SÃO-JOÃO: coragem, poder do sol, fertilidade, cura, energia positiva

ERVA-DOCE (FUNCHO): coragem, força, limpeza

ERVA-ESTRELA (MORUGEM): animais, amor, fidelidade, cura e perda de peso

ESPINHEIRO-BRANCO: proteção, fertilidade, felicidade

ESTRAGÃO: limpeza, regeneração e transformação

EUCALIPTO: proteção, cura

EUFRÁSIA: verdade, romper ilusões, certeza, habilidade psíquica

FLOR DE SABUGUEIRO: proteção contra raios, beleza, adivinhação, prosperidade, purificação, bênção para o lar, cura, sono

FLOR-DE-CONE (ECHINACEA): cura

FREIXO: proteção, força, cura e prosperidade

GARDÊNIA: amor atração, paz, meditação

GATÁRIA: gatos, amor, beleza, felicidade, tranquilidade e sorte

GENGIBRE: amor, cura, dinheiro e energia

GERÂNIO: amor, cura, proteção e fertilidade

HELIOTRÓPIO: clarividência, habilidades psíquicas, saúde e dinheiro

HIBISCO: amor, luxúria, adivinhação, harmonia e paz

HISSOPO: purificação, proteção

JACINTO: amor, conforto proteção

JASMIM: amor, atração, prosperidade e tranquilidade

JUNÍPERO (ZIMBRO): limpeza, purificação, proteção conta acidentes, proteção contra doenças, antirroubo, fertilidade e habilidades psíquicas

LARANJA: amor, alegria, purificação e prosperidade

LAVANDA: cura, amor, felicidade, cura culpa e luto, sono, tranquilidade, proteção, purificação, paz, bênção para o lar, sabedoria, crianças e casamento

LILÁS: proteção, beleza, amor, habilidades psíquicas, purificação e prosperidade

LIMA: amor, purificação, sorte e sono

LIMÃO: purificação, amor, proteção e felicidade

LINHO: dinheiro, proteção, beleza, cura

LÍRIO: proteção, verdade e antídoto para o amor

LONICERA: abundância, sorte, prosperidade, ameniza a dor, melhora habilidades psíquicas (não use as frutas silvestres, elas são venenosas)

LÓTUS: bênção, meditação e proteção

LOURO: proteção, purificação, resistência, fidelidade, poderes psíquicos, adivinhação, sabedoria e força

LÚPULO: cura, sono

MAÇÃ: amor, cura e paz

MANJERICÃO: amor, confiança, abundância, prosperidade, coragem, disciplina, proteção, casamento, sorte e habilidades mentais

MANJERONA: proteção, amor, felicidade, saúde, casamento e conforto

MARGARIDA: espíritos da natureza, amor e crianças

MENTA: purificação, preserva a saúde, clareza mental, protege viajantes, atrai dinheiro, saúde, amor e sucesso

MYRICA: abundância, prosperidade

NOGUEIRA: cura, habilidades mentais

NOZ-MOSCADA: clarividência, saúde, sorte e fidelidade

OLMO: amor, proteção

ORÉGANO: paz

PAPOULA: fertilidade, abundância, sono e amor

PATCHOULI: dinheiro, fertilidade, luxúria, clarividência, adivinhação, amor e atração

PIMENTA: proteção, purificação

PIMENTA-DA-JAMAICA (PIMENTA DIOICA): prosperidade, sorte, cura, purificação e dinheiro

PINHO: prosperidade, cura, purificação e fertilidade

POTENTILLA: eloquência, astúcia, dinheiro, proteção, sono, sonhos proféticos, purificação e amor

ROSA: cura, amor, conciliação, restauração, amor-próprio, atrai amor e boa sorte, cura atribulações e fortalece habilidades psíquicas

SALGUEIRO: comunicação, eloquência, proteção, cura, amor e sonhos

SALSINHA: cura, luxúria, fertilidade, amor, paixão, proteção, quebra de maldições, prosperidade, purificação e alívio do luto

SÁLVIA: cura, longevidade, boa saúde, consciência psíquica e proteção

TAGETES (CRAVO-DE-DEFUNTO): energia positiva, paz, proteção, alivia estresses relacionados à lei e aumenta a consciência psíquica

TANACETO: amor, fidelidade, proteção e cura

TOMILHO: purificação, limpeza psíquica, adivinhação, coragem, cura, melhora a memória e facilita o sono

TRAMAZEIRA (CORNOGODINHO): purificação, bênção para o lar, proteção, cura, habilidades psíquicas, sabedoria e fortalecimento de feitiços

TREVO: luxúria, quebra de maldições, prosperidade, purificação, amor, sorte, proteção, sucesso, fidelidade e conforto

ULMÁRIA (ERVA-DAS-ABELHAS OU RAINHA-DOS-PRADOS): paz, amor, felicidade e consciência psíquica

URTIGA COMUM: limpeza, proteção dos perigos, protege a saúde

URZE (QUEIRÓ): proteção, chuva e sorte

VALERIANA: purificação, proteção, cura, amor, atração e sono

VERBENA: purificação, proteção, bênçãos, comunicação com os espíritos da natureza

VIOLETA: tranquilidade, amor, sorte, proteção e cura

VISCO: cura, proteção, amor, fertilidade, sono e sorte

Bibliografia

Alden, Lori. *The Cook's Thesaurus*. 1996-2006, disponível em <www.foodsubs.com>.

Andrews, Ted. *Enchantments of the Fairie Realm: Communications with Nature Spirits & Elementals*. Saint Paul, Minnesota: Llewllyn, 1993.

Beith, Mary. *Healing Threads: Tradicional Medicines of the Highlands and Islands*. Edimburgo: Polygon, 1995.

Beyerl, Paul. *Compendium of Herbal Magick*. Custer, Washington: Phoenix Publishing, 1998.

_____. *Master Book of Herbalism*. Custer, Washington: Phoenix Publishing, 1984.

Compton, Madonna Sophia. *Herbal Gold: Healing Alternatives*. Saint Paul, Minnesota: Llewllyn, 2000.

Cowan, Eliot. *Plant Spirit Medicine*. Newberg, Oregon: Swan, Raven & Company, 1995.

Cunningham, Scott. *Cunningham's Encyclopedia of Crystal, Gem & Metal Magic*. Saint Paul, Minnesota: Llewllyn, 2000.

_____. *Cunningham's Encyclopedia of Magical Herbs*, 2ª ed. St. Paul, Minnesota: Llewellyn Publications, 2000.

_____. *Cunningham's Encyclopedia of Wicca in the Kitchen*, 3ª ed. Saint Paul, Minnesota: Llewllyn, 2003.

_____. *Earth, Air, Fire, Water: More Techniques of Natural Magic*. Saint Paul, Minnesota: Llewllyn, 1983.

_____. *Técnicas de Magia Natural*. São Paulo: Madras, 2018.

_____. *Magical Herbalism: The Secret Craft of the Wise*. St. Paul, Minnesota: Llewellyn Publications, 1983.

Davies, Owen. *Cunning Folk: Popular Magic in English History*. Londres: Hambledon and London, 2003.

Dugan, Helen. *Cottage Witchery: Natural Magick for Hearth and Home*. Saint Paul, Minnesota: Llewllyn, 2005.

_____. *Garden Witchery: Magick from the Ground Up*. Saint Paul, Minnesota: Llewllyn, 2003.

Eason, Cassandra. *Modern Day Druidess*. Nova York: Citadel Press, 2003.

Farrar, Janet; Farrar, Steward. *The Witches Goddess: The Principle of Divinity*. Custer, Washington: Phoenix Publishing, 1987.

_____. *The Witches's God: Lord of the Dance*. Custer, Washington: Phoenix Publishing, 1998.

Green, Marian. *Wild Witchcraft: A Guide to Natural, Herbal and Earth Magic*. (Publicado anteriormente como *Elements of Natural Magic*.) Londres: Thorsons, 2002.

_____. *A Witch Alone: Thirteen Moons to Master Natural Magic*. Londres: Thorsons, 1995.

Grieve, Mrs. Maud. *A Modern Herbal in Two Volumes: The Medicinal, Culinary, Cosmetics and Economic Properties, Cultivation and Folk-lore of Herbs, Grasses, Fungi, Shrubs & Trees with their Modern Scientific Uses*. Nova York: Dover Publications, 1982. (Publicado originalmente em 1931.)

Harner, Michel. *The Way of the Shaman: A Guide to Power and Healing*. Nova York: Bantam Books, 1982.

Hobbs, Christopher. *Herbal Remedies for Dummies*. Foster City, Califórnia: IDG Books, 1998.

Hoffman, David. *The Complete Illustrated Holistic Herbal: A Safe and Practical Guide to Making Herbal Remedies*. Shaftesbury: Element Books, 1996.

Lipp, Frank J. *Healing Herbs*. Londres: Duncan Baird Publishers, 1996.

Lust, John. *The Herb Book: The Complete and Authoritative Guide to More than 500 Herbs*. Nova York: Beneficial Books, 2001.

McArthur, Margie. *Wisdom of the Elements: The Sacred Wheel of Earth, Air, Fire and Water*. Freedom, Califórnia: Crossing Press, 1998.

Monaghan, Patricia. *The Book of Goddesses and Heroines*, ed. revisada. Saint Paul, Minnesota: Llewllyn, 1990.

Morrison, Dorothy. *Bud, Blossom & Leaf: The Magical Herb Gardener's Handbook*. Saint Paul, Minnesota: Llewllyn, 2001.

Moura, Ann. *Green Witchcraft: Folk Magic, Fairy Lore & Herb Craft*. Saint Paul, Minnesota: Llewllyn, 1996.

Müller-Ebeling, Claudia; Rätsch, Christian; e Storl, Wolf-Dieter. *Witchcraft Medicine: Heatling Arts, Shamanic Practices, and Forbidden Plants*. Tradução de Annabel Lee. Rochester, Vermont: Inner Traditions, 2003.

Murphy-Hiscock, Arin. *Power Spellcraft for Life: The Art of Crafting and Casting for Positive Change*. Avon, Massachusetts: Provenance Press, 2005.

Palin, Poppy. *Craft of the Wild Witch: Green Spirituality & Natural Enchantments*. Saint Paul, Minnesota: Llewllyn, 2004.

Raven Wolf, Silver. *American Folk Magic: Charms, Spells and Herbals*. Saint Paul, Minnesota: Llewllyn, 1998. (Publicado originalmente como *HexCraft* em 1995.)

Sierralupe, Suzan Stone. "Path of the Green Witch", Revista *SageWoman* n.41, primavera de 1998.

The United States National Arboretum: "USDA National Plant Hardiness Zone Map".

Valiente, Doreen. *Natural Magic*. Custer, Washington: Phoenix Publishing, 1975.

West, Kate. *The Real Witches' Garden: Spell, Herbs, Plants and Magical Spaces Outdoors*. Londres: Element, 2004.

Williams, Jude C. *Jude's Herbal Home Remedies: Natural Health, Beauty & Home Care Secrets*. Saint Paul, Minnesota: Llewllyn, 1998.

Agradecimentos

Gostaria de agradecer a Eileen e Brett por todo o trabalho duro na nova versão deste livro; acho que está melhor do que nunca. Meu muito obrigada também para a equipe original na Provenance Press, que me ajudou no início a desenvolver e a dar forma a este livro doze anos atrás. E, por fim, muito obrigada a todos os leitores que me deram um retorno entusiasmado sobre *The Way of the Green Witch* ao longo dos anos e pediram para que o livro ficasse disponível novamente.

ARIN MURPHY-HISCOCK é alta sacerdotisa do clã Black Forest. Atua há mais de vinte anos no ramo da espiritualidade alternativa e já escreveu diversos livros, entre eles *The Witch's Book of Self-Care*, *The House Witch*, *The Green Witch's Grimoire* e *Spellcrafting*. Além de trabalhar como sacerdotisa em sua comunidade, realizando ritos de passagem e ministrando workshops ocasionais, ela também é editora. Mora em Montreal, no Canadá, e se dedica ao violoncelo e à costura nas horas livres.

MAGICAE
DARKSIDE

MAGICAE é uma marca dedicada aos saberes ancestrais, à magia e ao oculto. Livros que abrem um portal para os segredos da natureza, convidando bruxas, bruxos e aprendizes a embarcar em uma jornada mística de cura e conexão. Encante-se com os poderes das práticas mágicas e encontre a sua essência.

DARKSIDEBOOKS.COM